揭 开 内 心 喜 悦 自 在 的 奥 秘

惜福福常在
随缘缘自来

慧闻◎著

民主与建设出版社
Democracy · & · Construction · Publishing · House

图书在版编目（CIP）数据

惜福福常在　随缘缘自来/慧闻著.--北京：民主与建设出版社，2016.7

ISBN 978-7-5139-1118-4

Ⅰ.①惜… Ⅱ.①慧… Ⅲ.①人生哲学－通俗读物 Ⅳ.①B821-49

中国版本图书馆CIP数据核字（2016）第119543号

惜福福常在　随缘缘自来

XIFU FUCHANGZAI SUIYUAN YUANZILAI

出 版 人：许久文
作　　者：慧　闻
责任编辑：李保华
封面设计：仙　境
出版发行：民主与建设出版社有限责任公司
电　　话：(010)59419778　59417745
社　　址：北京市朝阳区阜通东大街融科望京中心B座601室
邮　　编：100102
印　　刷：廊坊市华北石油华星印务有限公司
版　　次：2016年9月第1版　2016年9月第1次印刷
开　　本：880×1280mm　1/32
印　　张：7
字　　数：161千字
书　　号：ISBN 978-7-5139-1118-4
定　　价：32.00元

序

preface

学会惜福

周末，朋友们聚在一起，谈天说地，说到了幸福。大家都说，生活压力太大，供房供车，太不幸福。

席间，宏利一直沉默。

他是位主治医师。

最后，宏利说：吃饭、行走、说话、呼吸、睡眠，这些对我们来说太简单不过的事情，然而对于一个病人来讲，拥有这些就是无比的幸福。

当你面对一个喉癌病人，会知道说话是多么幸福；当你面对一个食道癌病人，会知道吃饭是多么幸福；当你面对一个肺癌病人，会知道呼吸是多么幸福。

当你面对一个命若游丝的垂危老者，身边没有一个亲人，你才会理解什么是真正的孤苦无依；当你面对一个在车祸中失去了丈夫和儿子的女人，她在默默地整理亲人生前的东西，虽没有流一滴眼泪，你却会理解到什么是真正的痛苦。

听完，大家都沉默了。

我们平时听到的，更多是人们喋喋不休的抱怨。每个人都觉得别人活得比自己好，殊不知正有人向你投来羡慕的目光。

站在自己的人生轨道上，不要一味仰望别人的高度，你只需看清方向，走好自己人生的每一步路，便已是不负此生。

俗话说，惜福福常在，随缘缘自来。以一颗淡定的心，来梳理生活，一切没你想象得那么糟。

下班回家，打开暖气，享受温暖，而那时好多人正顶着严寒辛劳，你是幸福的；当你加班回家，打开锅，里面有热好的饭菜，你是幸福的；当你外出，在寂寂旅途，手机短信飘然而至，发来温暖的问候，哪怕只是一句你在哪里，你是幸福的；当你悠闲地品着茶，看着喜爱的电影，你是幸福的……

幸福，没有完整的定义。

诚如著名作家、戏剧家、翻译家杨绛先生百岁感言中的一段话：

我们曾如此渴望命运的波澜，到最后才发现：人生最曼妙的风景，竟是内心的淡定与从容……我们曾如此期盼外界的认可，到最后才知道：世界是自己的，与他人毫无关系。

前 言

introduction

惜福，从字面上理解就是珍惜幸福。何为幸福？在不同人的眼中，幸福有不同的含义。其实，任凭千百万人给出千百万种幸福的定义，那幸福也仍然只是发自内心的一种感觉。幸福也一定没有统一的定式和答案，你觉得自己是幸福的那么你就是幸福的。

当然，真实的幸福一定是建立在感恩之心的基础上。一个人只有具备了感恩的心，在他眼里的世界才是美好的，他才会更加珍惜自己拥有的一切；反之，如果一个人连最起码的感恩的心都没有，那么在他眼里和心里，只会有更多的怨恨情绪，又何来幸福可言呢？只有加倍珍惜，才能体味幸福！只有心存感恩，才会幸福一生！

有句老话说得好：万事皆缘，随遇而安。随缘，并不是无所作为，听天由命，也并非让你放弃追求，因循守旧苟且度日；而是发自心底的淡定。随缘是一种心态，更是一种大智慧，它可以让人在世俗纷扰中更加恬静、冷静；随缘是一种成熟，更是一种对待生命、对待人生的态度，它可以让你能时刻以微笑面对生活的苦辣酸甜。

随缘包含两层含义：一是缘来不拒，该尽的责任义务要坦然面对，不逃避、不对立；二是缘去不留，凡事尽力去做好，成败得失看淡，不执着、不抱怨。“随”不是跟随，也不是“随便”，它是顺其自然、把握机缘，是面对生活不怨怼、不躁进、不强求、不悲观、不刻板、不慌乱。

为什么有的人不快乐？为什么有的人觉得自己毫无幸福可言？为什么有的人深陷情感的旋涡不可自拔？就是因为他们放不下。双手的空间那么有限，如果不及时放下，又怎能随时抓住身边的一切？如果你不懂得放下，即便到手的缘分你也无力抓住。

所以，幸福不是源于紧紧抓住，而是来自于轻松放下。我们能放下多少，幸福就有多少，有时候你放下的越多，你的所得也就越多。

本书通过一百余个发人深省的小故事，阐释了不同的人生哲理及处事态度。本书将引领读者在平凡的生活中做一个惜福并主动去创造幸福的人。希望读者通过阅读别人的故事，演绎好自己的人生。

人生苦短，莫待流年！愿这本书能给你带来发自内心的恬淡，愿你合上书的这一刻，能感到自己是幸福的、快乐的！如此，足矣！

目　录

Contents

第四章　懂得付出，收获将不期而至

第五章　帮扶他人，世间将春暖花开

第六章　珍爱自己，人生会幸福无比

第七章　平和淡定，生命于我自悠然

第八章　笑对人生，每天都别样风采

第九章　淡看名利，生命将步履轻盈

第十章 不计得失，道路会越走越宽

第十一章 淡看成败，人生将更加圆满

第十二章 做好自己，想要的终会到来

第一章

珍惜拥有，快乐会如影随形

假如有人花二百万换你的双手，你愿意吗？假如有人花二百万换你的双足，你愿意吗？假如有人花三百万换你双目的眼角膜，你愿意吗？假如有人花三百万换你的健康，你愿意吗？答案肯定是绝大多数人都不会愿意。那么，你看看，仅这几点，作为生命的个体，你生来就坐拥千万资产，而你却视而不见！你的存在本身就是无价之宝，为何不加倍珍惜，让生命绽放华彩？

人生无常。有时候，没有下一次，没有机会重来，没有暂停继续；有时候，错过了现在，就永远永远没有机会了。所以，请珍惜眼前人，珍惜眼前事，珍惜自己。

只有知足，你才会幸福

人生最大的痛苦是源于不满足。正所谓“骑着驴骡望骏马，得了宰相望王侯”。内心有着无穷的欲望，又怎能不痛苦？只有内心知足的人，才能真正地体味到幸福。

有这样一则故事。

几个人在岸边的岩石上钓鱼，收获颇丰。旁边有几名游客在欣赏海景之余，也都跑来围观，口中不时发出啧啧的赞叹声。

只见一名钓者竿子一扬，就钓上了一条大鱼。这条鱼约三尺来长，当鱼落在岸上，鱼的身体仍腾跳不已。人们都齐声叫好：“这么大的鱼，真给力！”“是啊，你运气可真好！”“够四五个人吃一顿喽”……大家七嘴八舌地夸赞着，羡慕不已。

但是钓者似乎并未听到人们说的话。只见他小心地解下鱼嘴里的钓钩，顺手将大鱼丢回到海里。

围观的众人看见钓者此举，吃惊不已。“钓到这么大的鱼他都不满意，看来他是想钓更大的鱼喽。”有人说。

钓者也不理会，顺手将鱼竿抛入海中，继续钓鱼。

众人也都好奇心起，想看看这次钓者能钓到多大的鱼。果然，过了一会儿，钓者将鱼竿一扬，钓上来一条两尺长的鱼。众人想：这鱼也不小了！只见钓者仍是安静地、小心地解下鱼钩，又将这条鱼放回了海里。

众人不解，有的为钓者惋惜，有的等待着奇迹，想看看钓者究竟想要多大的鱼才能满意。当钓者的钓竿再一次扬起时，人们看到在钓线的末端钩着一条不到一尺长的小鱼。

众人一看这条鱼最小了，肯定也和前两条大鱼的命运一样，被放回大海。出人意料的是，钓者将鱼解下以后，小心地放进了身边的鱼篓中。

众人百思不得其解，就问钓者："你为什么舍大鱼而留小鱼呢？"

钓者经此一问，似才意识到围观者的心疑，回答道："喔，那是因为我家里最大的盘子也不过一尺长，我把太大的鱼钓回去，即使做熟了，盘子也装不下。"

众人愕然。原来，这位钓者是一位真正的智者啊！

何谓智者？何谓愚者？知足常乐谓之智，贪得无厌谓之愚。在现实生活中，太多的人在面对诱惑时，真正清楚自己需要什么的人并不多，所以不幸的人也就很多。试想，生活中，又有几个人能做到"舍大鱼取小鱼"呢？

其实，生活的乐趣真的不在于你拥有多少，而在于你要求多少。所以，能满足一个人的东西可以很多也可以很少。也唯有懂得知足的人才能享受生活的喜悦。真正的快乐是心灵的快乐，只有保持内心的纯净，你才能感受到生活的美好。

又一则故事：

说有一个国王和一个波斯奴隶同坐在一条船上。那个奴隶从来没有见过海洋，也从没有尝过坐船的辛苦。

他坐在船上，一路上哭哭啼啼，吵闹不已。同船的人都百般安慰他仍是无济于事，这个奴隶仍旧继续哭闹。国王被他扰得不得安宁，想让大家想个办法，别再让奴隶继续哭闹下去。可是，随行的人没有一个能想出好办法来。

这时，船上有一个哲学家站了出来。他对国王说道："尊敬的国王陛下，如果您能让我一试，我可以使他安静下来。"

国王说道："如果真能让他安静下来，可真是太好了！"

于是，哲学家立刻叫人把那个奴隶抛到海里去。他在海里沉没了几次，人们才抓住他的头发把他拖到船边。这个奴隶惊慌失措，双手紧紧地抱着船舵，人们才将他拖到船上。

奴隶再次上船以后，就乖乖地坐在角落里，再也不出声了。国王对哲学家很是赞许，便问："你怎么知道这方法有效？"哲学家说："原来他并不知道灭顶之灾的痛苦，因此想不到稳坐船上的可贵。一个人总要经历过忧患才知道安乐的价值。"

有些人不知满足，总以为自己拥有的远远不够，越多越想多，越有越想有。实际上，人生在世，每个人都拥有别人所没有的幸福，只是他被欲望蒙蔽了双眼，没有看见。

世人总是怀有这样的心理，我活着太苦恼，我为什么没有别人那么幸福？于是，总艳羡别人的生活，甚至心生怨怼，心里装的全是坏情绪。如此心态，又何来幸福可言？

虽然，人生不如意事十之八九，但这并不意味着幸福就远离了我们。只要我们能珍惜自己拥有的一切，内心自会充满幸福感。当你抱怨自己鞋子不好的时候，你要想到，有的人没有脚。

知足常乐，学会知足，你就会觉得自己时刻生活在幸福中。

◆家有房屋千万座，睡觉只需一尺宽；纵有良田千垧，每日也只三餐。知足的人，即使家境贫苦，也能感受到生活的幸福。其实，想要幸福很简单，那就是减少欲念。

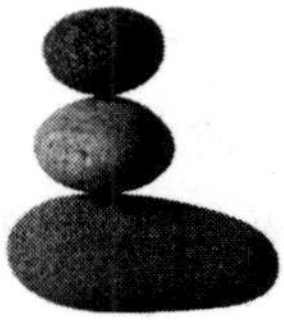

眼前的生活，最值得你珍惜

生命中大部分的美好事物，都是短暂易逝的，享受它们、珍爱它们，善待周围的每一个人，善待眼前拥有的一切，人生才会有完满的结局。

从前，有一座圆音寺。在寺庙前的横梁上有只蜘蛛结了一张网，由于每天都受到香火的熏托，蜘蛛便有了佛性。

一天，佛祖来到圆音寺，看到横梁上的蜘蛛，便问："你在此处修炼了一千多年，可有真知灼见？你认为什么才是世间最珍贵的？"蜘蛛遇见佛祖很是高兴，连忙答道："世间最珍贵的是'得不到'和'已失去'。"佛祖点了点头，离开了。

又过了一千年，佛祖又来到寺前，对蜘蛛说道："一千年前的那个问题，你可有更深的认识吗？"蜘蛛说："我觉得世间最珍贵的是'得不到'和'已失去'。"佛主说："你再好好想想，我再来找你。"

又过了一千年。一天，刮起了大风，风将一滴甘露吹到了蜘蛛网上。蜘蛛望着甘露，见它晶莹透亮，很漂亮，顿生喜爱之意。突然，又刮起了一阵大风，将甘露吹走了。蜘蛛一下子觉得失去了什么，感到很寂寞很难过。这时佛祖又来了，问蜘蛛："这一千年，你可好好想过这个问题：世间什么才是最珍贵的？”蜘蛛想到了甘露，对佛主说：“世间最珍贵的是‘得不到’和‘已失去’。”佛主说：“好，既然你有这样的认识，我就让你到人间走一遭吧。”

就这样，蜘蛛投胎到了一个官宦家庭，成了一个富家小姐，父母为她取名叫蛛儿。一晃，蛛儿16岁了，长得楚楚动人。

这一日，新科状元郎甘鹿中士，皇帝在后花园为他举行庆功宴席。宴席来了许多妙龄少女，包括蛛儿，还有皇帝的小公主长风公主。蛛儿心想，这是佛祖为她安排的姻缘。

过了些日子，蛛儿陪同母亲上香拜佛，正好甘鹿也陪同母亲前来。蛛儿很开心，终于可以和喜欢的人在一起了，但是甘鹿并没有表现出对她的喜爱。

蛛儿回到家，心想，佛祖既然安排了这场姻缘，甘鹿为何对我没有一点的感觉？

几天后，皇帝下诏，命新科状元甘鹿和长风公主完婚；蛛儿和太子芝草完婚。这一消息对蛛儿如同晴空霹雳。几日来，她不吃不喝，灵魂就将出壳，生命危在旦夕。太子芝草知道了，急忙赶来，扑倒在床边，对奄奄一息的蛛儿说道：“那日，在后花园众姑娘中，我对你一见钟情，我苦求父皇，他才答应。如果你死了，那么我也就不活了。”说着他就拿起了宝剑准备自刎。

就在这时，佛祖来了，他对快要出壳的蛛儿灵魂说：“蜘蛛，你可曾想过，甘露（甘鹿）是由谁带到你这里来的呢？是风（长风公主）带来的，最后也是风将它带走的。甘鹿是属于长风公主的，他不过是你生命中的一段插曲。而太子芝草是当年圆音寺门前的一棵小草，他爱慕你三千年，你却从没有低下头看过它。我再来问你，世间什么才是最珍贵的？”

蜘蛛听了这些真相之后，一下子大彻大悟了，对佛主说：“世间最珍贵的不是‘得不到’和‘已失去’，而是现在能把握的幸福。”

有些人总觉得自己不幸福，就是因为他看到眼前拥有的就是福。

不要因为纠结过去、畅想未来而忽视了现在。当我们仍可以给予时，不要轻言放弃；在我们停止尝试之前，没有任何一件事情是已经结束的。不要害怕承认自己是不完美的；不要害怕面对风险，我们在尝试中学会勇敢；不要说真爱难寻，而将爱排除在生活之外。

我们应该善加投资运用，以换取最大的健康、快乐与成功。时间总是不停地在运转，我们可以努力让每个今天都有最佳的收获。许多人认为，必须等到某个时间或某件事完成之后，再采取行动。

然而，生活总是一直在变动，环境总是不可预知。我们无须等到生活完美无瑕，也无需等到一切都平稳时才做，想做什么，现在就可以开始做起。

一个人永远无法预料未来，生命只在一瞬间。每个人的生命都有尽头，许多人经常在生命即将结束时，才发现自己还有很多事情没有做，有许多话来不及说，这实在是人生最大的遗憾。别让自己徒留为时已晚的空余恨。逝者不可追，来者犹未卜，最珍贵、最需要实时掌握的当下，往往在这两者蹉跎间，转眼即逝。

有许多事，在我们还不懂得珍惜之前已成憾事；有许多人，在我们还来不及用心之前已成旧人。所以，不要等到遗憾的事发生，才不断追悔。珍惜眼前的一切，你就是幸福的。

◆不管我们是否察觉，生命都一直在前进。人生并未出售返程要，失去的便永远不再回来。将希望寄予“等到空闲的时间才享受”，我们不知道失去了多少可能的幸福。不要再等待有一天“可以松口气”或是“麻烦都过去了”，才去实现我们的目标或理想。

生命只有一次，活着就是最大的福

功名利禄不过是过眼云烟，荣华富贵也不过是空梦一场。每个人只有一次生命，最重要的是活着，活着本身就是一种幸福。

一位名人去世了，朋友们都来参加他的追悼会。昔日前呼后拥、香车宝马的名人躺在骨灰盒里，百万家财不再属于他，宽敞的楼房也不再属于他，他所拥有的只有一个骨灰盒大小的空间，山珍海味浇灌的肚子也化成了一把灰烬。

从名人的追悼会上回来，几乎每一个人都会产生看破红尘的念头。人们想：趁现在好好活着吧，活着就是幸福，什么名呀利呀，权呀势呀，轰轰烈烈了一世，最后还不是一个人孤零零地走路？

追悼会是一次洗礼。从死亡的身边经过以后，才知道活着是怎么回事。让我们好好珍惜现在鲜活的生命吧。

在生活中，仍很多人都不能正确地认识自己。他们经受一些挫折、一点打击，就悲观失望、垂头丧气、怨天尤人、惊惶失措。甚至因为不能正确地认识自己，而在极度悲观中绝望轻生，这样的例子，不胜枚举。

让我们看一看梵·高吧！

文森特·梵·高是荷兰梵·高家族的一分子，他的家族是几乎垄断了荷兰美术市场的画商。他在叔叔的一个画店里工作，而他却放弃了这里，选择了离开。

1869年，梵·高跟随欧洲一个有名的艺术品商人哥比尔开始经商，后来被哥比尔解雇了。

梵·高来到英国，在伦敦一家规模很小的寄宿学校教法文。由于他没有及时收缴贫穷学生的学费，受到牧师的责骂，离开了寄宿学校。

1881年，28岁时的梵·高成了一个世界上最孤独的人。也就是这时，他开始画画了。

1886年2月，梵·高前往巴黎与画商弟弟提奥同住。在弟弟的介绍下，梵·高结识了高更、贝尔纳、劳特累克、毕沙罗、修拉等画家。

1888年初，35岁的梵·高厌倦了巴黎的城市生活，来到法国南部小城。他租下了"黄房子"，准备建立"画家之家"。他的创作也进入了巅峰。《向日葵》《夜间咖啡座——室外》《夜间咖啡座——室内》都是这一时期的代表作。但他依然只能靠弟弟提奥的资助生活。

在绘画这一职业追求中，如果得不到别人的赞许和认同是很难支撑下去的，但是他得到的更多是打击，在梵·高最艰苦的岁月里，他每个月的最后几天都躺在床上，以此来化解饥饿的威胁，我们可以想象这种生命的历程是多么让人心酸。

梵·高的画在当时无法得到上流社会和收藏家的青睐。经历了一次一次的失败和打击，梵·高渐渐变得孤独起来。他开始颓废、失望甚至绝望，他决定离开这个世界。于是，梵·高用手枪结束了自己的生命。

一次又一次的失败和打击，使梵·高无法正确地认识自己，以致没有了生活下去的信心和勇气。

梵·高自杀后，人们在他身上发现了一封信，信中写道："说到我的事业，我为它豁出了我的生命，因为它，我的理智已近乎崩溃。"

1914年，梵·高书信集出版，梵·高的一生渐渐被全世界的人所知。1934年，《渴望生活——梵·高传》出版，梵·高的故事感动了全世界的人。

今天，梵·高已成为举世闻名的艺术大师。可惜他自己已经无法得知了。

其实，生命的逝去并不足以让人变得崇高，只能给活着的人以痛苦或者惋惜。无论生活是幸运还是不幸，我们都应该乐于看到它，这是生活的真实体现，是生的证明，是自己存在的一种体验。生命是不堪追问的，我们也无法预言下一刻会得到什么，因为每个人都知道，我们只不过是在探索生命的意义，释放我们自己的能量。

梵·高经历了那么多磨砺，他的作品就是他的肉体和灵魂，为了它，他甘愿冒失去生命和理智的危险。然而他还是没有真正认识到自己的存在价值，对自己缺乏信心，认为自己始终就是一个失败者，经历了太久的跋涉，无法继续承受失败的打击，决然离去。如果他能对自己有个正确的认识和判断，能够肯定自己存在的意义，再坚韧一些，那么他自己的世界就会更精彩，也会给整个世界带来更多的惊喜。

只要我们能够真正认识自己，并且有改变自己的勇气，就像一艘即将抵达彼岸的船舶，挫折是船舶的压舱之物，在狂风暴雨中加大前进的马力，厄运也会助成功一臂之力。那样就会乘风破浪，最终成功地抵达彼岸。

◆活着就是幸福，活着就是快乐，为自己、为家人，更要高高兴兴地活。凡事想开点，不钻牛角尖。人生不为烦恼累，才能潇洒活一回。

处处都是福，你要HOLD住

我们时常听到有的老年人说年轻人：身在福中不知福。意即生活在幸福之中，他却没有感到幸福。在外人看来，有的人本身就已经很幸福了，却整天抱怨这埋怨那，看不到自己所拥有的幸福。

有个故事说：有个青年人常为自己的贫穷而牢骚满腹。

“你具有如此丰富的财富，为什么还发牢骚？”一位智者问他说。

“它到底在哪里？”青年人急切地问。

“你的一双眼睛，只要能给我你的一双眼睛，我就可以把你想得到的东西都给你。”

“不，我不能失去眼睛！”青年人回答。

“好，那么，让我要你的一双手吧！对此，我用一袋黄金作补偿。”智者又说。

“不，我也不能失去双手。”

“既然有一双眼睛，你就可以学习；既然有一双手，你就可以劳动。现在，你自己看到了吧，你有多么丰富的财富啊！”智者微笑着说道。

故事教我们一个“退一步思维”的方法。生活中如能降低一些标准，退一步想一想，就能知足常乐。人如果能体会到自己本来就是无所欠缺的，这就是最大的富有了。真正的满足是内心的满足，而非物质的。

有个人因生意失败，不但花光了自己所有的积蓄，还欠了一屁股债。他像只斗败的公鸡，失去了生活的勇气和信心，终日陷入心烦意乱和无尽的忧虑中。可是一次偶遇改变了这一切。

一天他在街上走着的时候，看到迎面过来一个没有双腿的人，他坐在一块小木板上，木板装在有四个轮子的溜冰鞋上，他的两手各拿着一块木板在地面上支撑滑动前进。过了街，他把自己抬高几英寸以越过马路到达人行道。当他费力地抬高他身下的木板时，他看见了这个失意的人，并向他粲然一笑。“早上好，先生！今天天气不错。”他的声音里充满了活力。这个失意的人看着他，不禁感叹自己是多么富有。和他相比，自己至少还有两条腿可以走路。

那一刻，他禁不住对自己的消沉感到羞耻。他告诉自己，一个失去了双腿的人还能这么开心、快乐并充满自信，而自己还有一双好腿，为什么都不能做到？他顿时觉得信心十足起来。本来他只想着试试看能不能再找个工作，但现在，他有信心宣布自己要去找个工作。结果，他如愿以偿。

这个人回去后郑重地在自己的书房里挂上一幅字：我正在因为没有鞋而难过，直到我遇见一个没有双脚的人。

现在这个人又重新有了自己的公司，他每天都很快乐地去做事情。他这副快乐的好形象，赢得了下属和周围人的喜爱，人们都乐意帮助他，因此他的公司发展得红红火火。

快乐是很简单的事，能活着本身就是一件值得快乐的事！生活中也要学会简单的快乐。

快乐把人们的忧郁、悲哀、烦闷、焦虑等全部驱逐出去，恰如太阳赶走黑暗一样。当面前站着一个快乐的人时，所有的谈话都变得活泼而生动，整个氛围都颤动着愉快和亲切的喜乐。快乐会给你健康的形象，同时快乐也是简单的。

快乐是健康的一剂良药，当你的精神振奋、心境开阔时，人生便也有了新的意义。适量的运动及休息，是心情愉悦的必要因素。根据统计资料，有些科学家对他们所谓的催眠剂做过实验。他们让那些疲倦和年老的人服用这些药物，帮助他们休息。结果发现：这些人的生理组织功能提升，寿命延长，疾病不见了，相对地，他们也重新获得新的活力和生命的乐趣。

所以，要获得人生深度的乐趣，首先要自己感觉愉快。而要感觉愉快，就必须好好对待自己的身体。

人们常说“知足者常乐”，快乐是很简单的。大哲学家叔本华也说过：“我们很少注意我们所拥有的，却总是想自己没有得到的，甚至是不可企及的。这种态度实在是世上令人遗憾的情形之一。它给人们精神带来的灾难恐怕足以和所有的战争、疾病相抗衡。”

古希腊的伊壁鸠鲁说：“谁不知足，谁就不会幸福，即使他是世界的主宰也不例外。”只要每天想想自己拥有的老天赐予的诸多恩惠，你就应该抛却忧虑，意气风发地去迎接每一轮新的朝阳。

◆古人说“境由心造”。人们也常说“知足者常乐”。事实上，现实生活中我们能否有知足感、满足感、幸福感，源于心态。能知足，会调整，就会从日常平凡的生活中寻找和发现快乐。

第二章

心存感恩，福气将不请自来

现实中有很多人，终其一生都在抱怨自己的不幸，以及对生活的不满。其实，并不是幸福太少，而是我们没有发现。一个人是否幸福，关键在于他的心态。一个不懂得惜福的人，即使幸福就在身边，他也没有能力去发现，又何谈幸福？反之，一个懂得惜福的人，他会知道珍惜眼下所拥有的每一点、每一滴的幸福，对所有的人和事物都心存感恩，因此他每天都生活在幸福中。

生活里处处都有幸福的影子，只要我们用心去追寻。人生最怕的就是身在福中不知福。你完全可以用诗一般的心情来重新对待人生中的每一件人和事。只要你用心去感受、用心去思考，你就会发现：即便是苦难，你的生活仍会幸福无边；即使身处逆境，也能活得绚烂。

不让爱你的人失望，人生才有希望

人生有付出，就会有收获，如果我们以爱心去对待别人，别人也会以同样的爱心对待我们。感谢生活的人，生活才会给予他丰厚的回报。

一个人口渴了，他可能因发现半杯水而欣喜若狂。这是因为他感谢别人的给予。而同样口渴的另一个人，当他发现半杯水时却在抱怨，潜意识里首先是对他人的不满，为什么只给他半杯水。一个不知感恩、不懂感恩的人，肯定没有积极的心态，不会热爱人生，不会热爱工作，也不会拥有谦虚好学的态度和培养良好习惯的内在动力。

一个人感恩与不满是两种情感，所关注、吸引的事物和形成的结果是不一样的。感恩的人关注吸引美好的事物——感激→关注美好事物→形成积极期望→涌现积极改善→形成积极有效行动→从而造成积极结果。相反，不满的人关注吸引不满的事——厌烦→关注不好的事物→形成消极期望→涌现消极改善→形成消极行动→从而造成消极的结果。

这样，就形成马太效应：感恩的人，越来越美好，越来越富有；而不满的人，越来越烦恼，越来越贫穷。把“恩”拆开，就是“因”和“心”，正因为有了一颗爱心，人们才会用真情温暖彼此的心。常怀感恩之心，会使我们心胸开阔，胸怀宽广，促进和谐人际关系的建立，从而有助于事业的成功。

感恩不是压力，不是债务负担，而是一种人生智慧，是一种催人向上的动力。

十几年前，台湾金石堂排行榜第一的畅销书《乞丐囝仔》，短短时间就销售上百万册，书中内容真实感人，催人泪下。故事主人公，就是台湾十大杰出青年之一赖进东的事迹。赖进东出生在一个乞丐家庭，全家十口人大多有重度残疾，全靠乞讨为生。赖进东刚刚学会走路，就跟着姐姐乞讨，四处流浪，过着风餐露宿的生活，经常以坟地、庙宇为家，10岁之后边读书边乞讨，总共过了17年的乞讨生活。身为长子的赖进东不但肩挑全家的担子，更努力求学，发奋工作，终能娶妻生子，经营事业。人生至此，是苦尽甘来，开花结果。书中最后说：

我一直相信天下没有白吃的午餐，虽然你付出了多少不一定会得到多少，但如果你不脚踏实地努力，那么你得到的也很快会再失去，因为轻易得到的东西不会让人珍惜。今天，我愿以最谦卑的心情跟大家分享我半生的人生经历，希望读者都能喜欢这本书。而我一直有个心愿，就是尽我的能力筹盖一座多元化的孝亲公司、孝亲图书馆，这也是我写这本书的目的。当然，这个心愿实现起来不容易，但我相信只要努力，未来一定会完成这个梦想。

最后，我要向在我生命中出现的人，献上我最诚挚的谢意。

——感谢过去曾经关照我的所有人士，以及我所有老师的鼓励、照顾、教诲，使我有今天。

——感谢我的老婆阿霞，感谢她愿意为这个世界上最不幸的家庭牺牲自己，这么长的时间，她一直陪在我身边，无怨无悔地陪我走过这段艰辛的路程。

——感谢我的父母，他们生我、养我，虽然两人都是重度残障，但我永远爱着他们，怀念他们。还有我最亲爱的姐姐，如果不是她卖身尽孝，如果不是她长期一直扮演我生命中的明灯，做我的精神支柱，阿进根本不可能活到今天。

——谢谢我的老板，他给我机会，让我可以在工作上一展所长。

——也要谢谢过去曾经嘲笑、侮辱过我的人，是因为他们的刺激，让我有了向上攀升的力量。

——我终可以说一声：谢谢你们，我没有辜负大家对我的期许。天无绝人之路，曾经的痛苦、委曲、折磨，曾经我走在遍布荆棘的漫漫黑夜长路，而终有这一天，我望见了希望，走出了自己的人生道路。

赖进东的事迹十分感人，这告诉我们：什么样的人最幸福，有人会毫不犹豫地说，拥有快乐心情的人最幸福！怎样才能拥有快乐的心情呢？那就是让自己有一颗感恩的心。

当你心情沮丧情绪低落时，想一想爱你的父母；当你悲观失望时，想一想爱你的亲人；当你失意落魄时，想一想你的爱人……没有一个人的成功是一人所为。每个人的生活都是无数人的参与，才能促成或悲或喜的人生。

任何时候都不要让自己失望，更不要让爱你的人失望。因为，身受无边的爱，你的人生之路才能越走越宽，你的前途才更有希望。

◆不懂得感恩的人，绝对不会有幸福和快乐。因为感恩的心是人生快乐的源泉。一个人只有懂得感恩才能领悟幸福快乐，才能真正体验人生的意义和价值，才能享受成功的人生。

最能打动人的，是细小的关怀

感恩是一种境界、一种胸怀，不仅要感谢大恩大德，滴水之恩也当涌泉相报。

一位老者，写了一篇文章回忆一年来使自己受感动的人和事。他写道：

有一天下雨，自己打着伞过马路时，忽然一个小伙子揽着他的胳膊挽着他过了马路，没等他说声“谢谢”，小伙子又返了回去，原来小伙子是专门为了护送他的；有一次，他到大商场买东西，一位中年妇女推开厚厚的大门，等他进了门才松开手，当向她道谢时，她送给他一个温暖的微笑；在图书馆看书时，因为坐在窗户旁边，服务员热情地说：“老同志换个位置吧，窗户旁边有风容易着凉，身体可要紧啊！”这令他备感亲切；他到银行取款，出门时，保安员提醒他把钱放好，免得出现意外；他到医院看病，护士小姐把他挽扶上楼；他晚上坐公交车打瞌睡，一个女孩下车时说：“大叔，别坐过站呀，坐车睡觉容易感冒。”等等。这些虽然是人人可以做到的小事，仍然让人十分感动。我们应该用感激的心情多说些“谢谢你”。如果我们每人时时为别人伸一把手，多说一声“谢谢”；对给别人带来不便，多说声“对不起”，我们的社会就会更和谐，更能体会到人间的温暖。

国内一位学者李先生到美国出差，偶然在餐厅里看到两个小朋友正在写着什么，大的十多岁，小的七八岁。李先生感到有趣，就问："小朋友，你在写什么？"小朋友回答说："我们在写感谢信，每天都写，这是我们每天必做的功课。"李先生看到小朋友写的内容："昨天吃的比萨饼很香。""路边的野花开得真漂亮。""昨天妈妈给我讲的故事很有意思。""昨天爸爸给我买了一本书，很好看。"

李先生看了心头一震，这孩子写给妈妈的感谢信，不是专门感谢妈妈的大恩大德，而是让孩子在幼小心灵中感悟到点点滴滴的快乐和幸福。

人要有一颗感恩的心。如果我们每个人都以一种感恩的心情来看待身边的人和事，来看待这个世界，一定会觉得周围的人很可爱，这个世界很美好，我们自己也会得到回报，也会觉得很富有。

英国作家萨克雷说过："生活就是一面镜子，你笑它就笑，你哭它就哭。"俄国作家契诃夫也说："如果你手上扎了一根刺，那你应该高兴才对，幸亏没有扎到眼睛。"

这告诉我们，感恩，是一种观察问题的视角，我们懂得感恩地生活，生活将会赐予我们灿烂的阳光。

人生活在这个世界上，不可能处处一帆风顺，种种失意和无奈都需要我们勇敢地去面对，旷达地去处理。当我们在人生旅途中遇到风雨甚至不幸的时候，如果有一颗感恩的心，我们就会对所遇的一切都抱有一种感激的态度，这样的态度将会使我们消除怨气，鼓起前进的勇气。

相传，古印度有位英勇无敌的王子，某次征战获得重大胜利。在盛大的庆功宴上，王子谦逊地举起酒杯，向前辈、大臣、在座的将士以及黎民百姓，一一表示感谢，甚至连为他牵马的仆人也没有忘记，这使得大家深受感动。此时，坐在他旁边的老国王提醒他："我的孩子，还有一个重要的人，你还没有向他致谢呢。"王子怔了半天，也想不出，只好向父王请教。老国王郑重地说："你的敌人。"

现实中，我们常自认为怎样才是最好的，但往往事与愿违，使我们不能平静，感到不满足。有一位白领小姐，在家受到父母和哥哥的百般照顾，丈夫对她更是呵护有加，甚至连她的内衣、袜子都是丈夫洗。她都没有一点感恩。她嫌丈夫是个体育老师，于是离婚后改嫁了一位官员。倒是过上了有车族的生活，可她要承担全部家务，甚至还要忍受丈夫的打骂，脸上的笑容消失了，很快苍老了很多。

我们要相信，目前我们所拥有的，不论是顺境、逆境，都是对我们最好的安排。若能如此，我们才能在顺境中心存感恩，在逆境中依旧心存喜乐。

我们感恩生活，生活将赐予我们灿烂的阳光；如果我们不感恩，只知一味地怨天尤人，最终可能一无所有！成功时，感恩的理由固然能找到许多；失败时，不感恩的借口却只需一个。殊不知，失败或不幸时更应该感恩生活没有将我们完全抛弃。

◆要感谢父母的养育之恩，亲人的关爱之恩，老师的教育之恩，企业的就业之恩，同事的协作之恩，上司的栽培之恩，等等，总之感恩世界种种的给予。

往好的一面想，一切都会好

人生在世，多数人的生命都是在百岁以内。在这短短几十年，却要经历各种好事、坏事，经历各种挫折、打击，尝遍酸甜苦辣。当然，我们也会经历各种快乐、幸福。

生活是美好而沉重的。人生，是有苦又有乐的，是丰富多彩又艰难曲折的，就像白天与黑夜的互相交替一般。快乐时“春风得意马蹄疾，一日看尽长安花”，快乐的人连路边的鸟儿都在为他歌唱，花儿都似专为他开放。痛苦时，落日西风，万念俱灰，睡梦中也在滴泪。

美国前总统罗斯福一次家中失窃，被偷去了很多东西，一位朋友知道后立即写信安慰他，劝他不要太在意。罗斯福给朋友写了一封回信说：“亲爱的朋友，谢谢你来信安慰我，我现在很平安。感谢上帝：因为第一，贼偷去的是我的东西，而没有伤害到我的生命；第二，贼只偷去我部分东西，不是我的全部；第三，最值得庆幸的是，做贼的是他，而不是我。”对任何人来说，失窃绝对是不幸的事，而罗斯福却讲出了三条感恩的理由，将坏事往好处想，这不能不让我们在钦佩的同时受到启迪。

人总是避苦求乐的，都希望快乐度过每一天，但生活本身就充满酸甜苦辣，快乐和痛苦本是同根生。当我们快乐时，不妨留一片空间，以接纳苦难；当我们痛苦时，不妨想着往昔的快乐。

心往好处想，才能帮我们冲破黑暗的环境，打开光明的出路；才能获得更多更大的人生乐趣。在困顿、苦难面前，一味哭丧着脸，除了磨掉自己的锐气外，是不会赚到任何同情的眼泪的。只有颤抖于寒冷中的人，才最能感受到太阳的温暖；也只有从痛苦的环境中摆脱出来，才会深深感觉到这个世界的美好。就像火车过隧道，即使在黑暗中，也要看到前方的光明。

曾经有两个囚犯，从狱中望窗外，一个看到的是满目泥土，一个看到的是万点星光。面对同样的遭遇，前者心中悲苦，看到的自然是满目苍凉、了无生气；而后者心往好处想，看到的自然是星光满天、一片光明。

人生的道路虽然不同，但命运对每个人都是公平的。窗外有土也有星，有快乐也有痛苦，就看我们能不能抱定青山不放松，心往好处想。

西方哲学家蓝姆·达斯讲过这样一个故事：

一个病入膏肓、仅剩数周生命的妇人，整天思考死亡的恐怖，心情坏到了极点。蓝姆·达斯去安慰她说："你是不是可以不要花那么多时间去想死，而把这些时间用来考虑如何快乐地度过剩下的时间呢？"

她刚对妇人说时，妇人显得十分恼火，但当她看出蓝姆·达斯眼中的真诚时，便慢慢地领悟到他话中的诚意。"说得对，我一直都在想着怎么死，完全忘了该怎么活了。"她略显高兴地说。

一个星期之后，那妇人还是去世了。她在死前充满感激地对蓝姆·达斯说："这一个星期，我活得比前一阵子幸福多了。"

“苦乐无二境，迷悟非两心”，妇人学会了心往好处想，所以离开人世前仍能感到一丝幸福，快乐地合上双眼，相信她死后能进入天堂；如果她仍像以前一样，一味想死，那只能是痛苦地离开人世。

心往好处想，不论何时，不论何事，只要仍在人间，就要心往好处想，天堂和地狱就在人心中。人生可以没有名利、金钱，但必须拥有美好心情。

人的心态是随时随地都可以转化的，有时可以转好，有时可以转坏。如果你想好事时，心情就立即可以变好，如果你想坏事时，心情马上就可以变坏。

美国著名的心理学家威廉·詹姆斯说：“我们这一代人最重大的发现是：人能改变心态，从而改变自己的一生。”人生的成功或失败，幸福或坎坷，快乐或悲伤，完全是由人自己的心态造成的。因为我们怎样对待生活，生活就怎样对待我们。凡事从好处想，就会看到希望，有了希望才能增添我们生活的勇气和力量。

有些人总是喜欢说他们现在的状况是别人造成的，环境决定了他们的人生位置，许多事情他们无没摆脱，也不能往好的方向想。这是因为他们从未真正地往好的方向想过，他们总是悲观失望，有时即使有好的想法，也马上被自己否定。说到底，如何看待人生，全由我们自己决定。

凡事都往好处想，才会开心地生活。现实中有些人总是把事往坏处想，结果也使自己整天处在高度紧张、猜疑、惊恐、戒备、争斗之中，具有这种心理状态的人显然与开心无缘！

“凡事往好处想”并不是解决一切问题的灵丹妙药，却是一种健康积极的人生哲学。所以，我们应该培养乐观的人生态度。凡事往好处想，事情自然就会向好的方向发展。凡事都往好处想，就会以镇定从容的心情享受生活。

◆对生活时时怀有一份感恩的心情，则能使自己永远保持健康的心态、完美的人格和进取的信念。感恩不纯粹是一种心理安慰，也不是对现实的逃避，更不是阿Q的精神胜利法。感恩，是一种歌唱生活的方式，它来自对生活的热爱与希望。

将快乐与人分享，是另一种感恩

生活中常常有这一类人，他无论出现在哪里，大家都喜欢他，喜欢听他说话，喜欢跟他聊天。而有的人，无论到哪里，人们都惟恐避之不及。为什么会出现这类情况呢？

因为，前者懂得分享，总想将自己的快乐带给别人；后者总想索取，有快乐自己独享。实际上，只有一个懂得感恩的人，才会时时记得将快乐与别人分享。自私自利的人，凡事都想着自己，又怎会想着给别人带来快乐呢？

英国《太阳报》曾以“什么样的人最快乐”为题，举办了一次有奖征答活动，从应征的8万多封来信中评出4个最佳答案：

作品刚刚完成，吹着口哨欣赏自己作品的艺术家；

正在用沙子筑城堡的儿童；

为婴儿洗澡的母亲；

经过奋力抢救，终于挽救了危重病人的外科医生。

要使自己成为快乐的人，从第一个答案中，我们知道必须工作，工作使人快乐；第二个答案告诉我们，要学会快乐，必须充满想象，对未来充满希望；第三个答案告诉我们，要学会快乐，一定要心中有爱，那种无私的、不记报酬的爱；第四个答案告诉我们，要学会快乐，一定要有能力，要有助人为乐的技能。只有这样的人，世人才会给他最美妙的报答，正所谓予人快乐才能予己快乐。

给予是快乐的源泉。为别人带去快乐的同时，我们自己也会处于快乐的包围之中。快乐是可以分享的。给别人带来了快乐，我们分享给别人的东西越多，我们获得的东西就会越多。把幸福分给别人，我们的幸福就会更多，但是，如果我们把痛苦和不幸分给别人，那我们得到的也只能是痛苦和不幸。生活中我们如果整天以一张愁眉苦脸待人，那别人会以同样的面孔对我们，我们会看到更多的愁容；相反，如果我们以笑脸相迎，我们会看到更多的笑脸，我们的快乐心情也会增多。

从前有个国王，非常疼爱他的儿子，总是想方设法满足儿子的一切要求。可即使这样，他的儿子却还是整天眉头紧锁、面带愁容。于是国王便悬赏找寻能给儿子带来快乐的能士。

有一天，一个大魔术师来到王宫，对国王说有办法让王子快乐。国王很高兴地对他说："如果你能让王子快乐，我可以答应你的一切要求。"

魔术师把王子带入一间密室中，用一种白色的东西在一张纸上写了些什么交给王子，然后让王子走入一间暗室，燃起蜡烛，注视着纸上的一切变化，快乐的处方会在纸上显现出来。

王子遵照魔术师的吩咐而行。当他燃起蜡烛后，在烛光的映照下，他看见纸上那白色的字迹化作美丽的绿色字体："每天为别人做一件善事！"王子按照这一处方，每天做一件好事。当他看见别人微笑着向他道谢时，他开心极了。很快，他就成了快乐的人。

所以，朋友们，把我们的快乐和幸福和别人分享吧，分给别人的快乐越多，我们获得的快乐越多。

无论我们是何等的尊贵，或是怎样看待卑微；无论我们生活在何地何处，或是有着怎样特别的生活经历，只要我们胸中常常怀着一颗感恩的心，随之而来的，就必然会不断地涌动着诸如温暖、自信、坚定、善良等等这些美好的处世品格。自然而然地，我们的生活中便有了一处处动人的风景。

感恩，不仅表现在与人分享快乐，也表现在尽力帮助别人。

每个人都想在遇到困难的时候得到别人的帮助，那么，最好的方法是什么呢？很简单，尽自己最大的能力去帮助别人。

因为自私，人们不肯帮助别人，不肯为别人而牺牲自己的一丁点利益，结果却是害人不利己，自己失去了很多。其实，帮助别人就是帮助自己，为别人而付出的同时，快乐便会进入你的心中，相反，如果困守在自设的真空中，不肯接受帮助也不愿意付出，那很有可能使自己处于孤立无援的境地。

◆生活中当我们为别人付出的时候，本身就会体验到快乐，因为付出也是一种快乐。为别人付出我们的爱心，就种下一片希望，就会有硕果累累的一天，就能品尝到丰收的喜悦。

感谢苦难，是它点亮你信念的灯塔

人生有苦亦有甜。不只快乐，苦难也是人生的必修课，无法选择时请超越苦难。

俄国作家列夫·托尔斯泰说："人生不是一种享乐，而是一桩十分沉重的工作。"月有阴晴圆缺，人有旦夕祸福，人生不可能永远一帆风顺。人生旅程，如同穿越崇山峻岭，时而风吹雨打，困顿难行，时而雨过天晴，鸟语花香。当苦难当道时，有的人自怨自艾，意志消沉，从此一蹶不振；而有的人则不屈不挠，与苦难作斗争，他们是生活的强者。

苦难是人生的必修课，强者视它为垫脚石，视它为一笔财富，他们的成绩是优秀；弱者视苦难为绊脚石、万丈深渊，被它压垮，他们的成绩是不及格。天降大任于人，必先苦其心志。苦难是人生的沃土，是磨炼意志的试金石。不经三九苦寒，哪来傲雪梅香？没有曹雪芹贫困潦倒的磨难，哪里会有《红楼梦》？司马迁不忍受宫刑，就不会有举世不朽的《史记》；没有苦难，就没有激励几代人的《钢铁是怎么炼成的》。苦难从古至今都是人生的一笔宝贵财富。勇者在苦难面前永远都不会低下高贵的头。

"经营之神"松下幸之助从不向命运低头。9岁时，因为家境贫困，他不得不外出赚取生活费。他远赴大阪谋职，母亲为他准备好行囊，并送他到车站。临行前，母亲饮泣地向同行的人诚恳地拜托："这个孩子要单独去大阪，请各位在旅途中多多关照。"母亲悲凄的背影给了他深刻的印象。

不久，松下幸之助来到大阪，在船场火盆店当学徒，从此开始了艰苦的谋生。小小年纪，远离亲人，在那个陌生的世界里他感到孤单无助，似乎丧失了生活的信心。

有一次，店主叫住他，递给他一个五钱的白铜货币，说是薪水。他吃惊极了，他从来没有见过五钱的白铜货币，这对穷人家的孩子来说，是一个相当可观的数目。报酬激起了他工作的狂热，也扬起了他奋斗的风帆。

靠着不可思议的欲望的支持，他变得更坚强。他不辞辛苦地打杂，磨火盆，有时，一双手被磨得皮破血流，连提水打扫的活儿都干不了，但他咬牙挺了下来。渐渐地，松下幸之助掌握了自己的命运。

上帝是公平的，他在把苦难撒向人间的时候，往往准备好了等重的回报等着勇士去拿。当苦难不期而至时，我们要视苦难为财富、为机遇，向它宣战。当你成功地征服它之后，就能拿到上帝的回报，捧起金灿灿的奖杯，真切地感受到生活的甘甜、人生的价值。

有个人去巴西旅游时，看见了一只非常美丽的海龟，它的壳和头尾都是翠绿色的，在翠绿色的壳上有着深咖啡色的花纹。那只海龟的嘴很大，两边的线条翘起，像是一直在微笑；眼睛炯炯有神，直直对人注视，眨也不眨。

这个人欣赏它的美丽，百般恳求，出了高价才向原来的主人购得。然后通过了动物进出口的种种繁复检验，从海运用货柜托运回了家。从巴西到自己的国家的货轮开了三个月才到，这个人本来还担心万一这只海龟饿死了可怎么办，没想到开箱的时候，它还是好端端的，一点问题也没有，那对明亮的大眼睛突然张开，吓了这个人一大跳。三个月不吃不喝还能存活，真是不可思议。

过了一个月，他有天需要到南部去开个会，要离开一个星期，想想不能每天喂海龟，就在离开的时候放了三把熟透的香蕉。一星期后，他兴冲冲地回来看海龟，可是那只海龟却已经死了，香蕉少了一把。

找了一位兽医来看，他说乌龟是撑死的，它把一大把香蕉一口气吃完，所以撑死了自己。

这个故事让人感慨不已。在极度的黑暗中，整整三个月，饥寒交迫之下还能存活的乌龟，在翠绿的花园水池旁却因为吃得太饱而死了，可见困厄并不一定可畏，饱足也不尽然可喜！这个故事还让人想起孟子说的："生于忧患，而死于安乐。"因缘是不可思议的，希望远离苦难享受安乐的人，请想一想，忧患能给人带来生的勇气，而安乐却使人丧失活的斗志，别当一只"生于忧患，而死于安乐"的巴西海龟！

苦难有时很残酷，它会把你一生的追求和信念一瞬间撕得粉碎，也可能对你穷追不舍，一点点地蚕食着你生命中的绿色。

但是，无论你经历过多少苦难，走过多少坎坷，你都不会一无所有，你总会还拥有一些东西，它们是你生命里最为宝贵的财产。

当命运让我们无可选择的时候，我们唯一能做的就是：接受苦难，阅读苦难，超越苦难。贾赖曾说，世界荣誉的桂冠，都是荆棘编织而成的。朋友，为了美好的明天，让我们向苦难宣战吧！

◆苦难是必经的磨难，这不仅仅是一个人生哲理，更是一种人生信仰。有了这样的信仰，无论受到多大的磨难，你都能坚强地走过去。

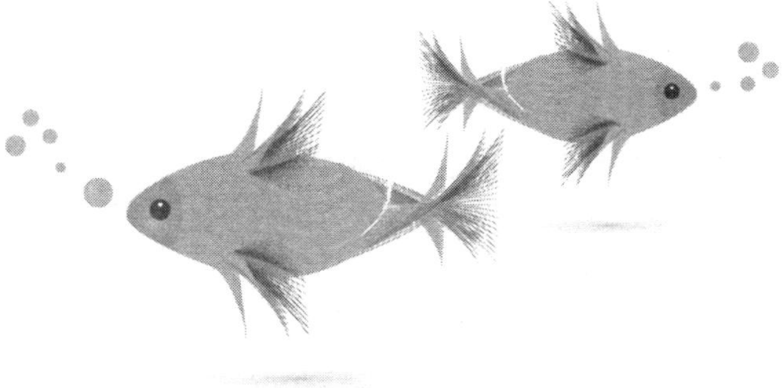

第三章

知恩图报，爱必将光芒万丈

父恩比山高，母恩比海深。每个人不可能不接受任何人的帮助而存于世上。我们生活中的每一个细节都离不开太多人默默无闻的付出。

正如歌中唱道：感恩的心，感谢有你，伴我一生，让我有勇气做我自己。感恩的心，感谢命运，花开花落，我依然会珍惜。

记住别人的好，忘了别人的恼

每个人从小到大，在不同的时期都会得到来自各个方面的关爱与照顾。小的时候，我们会得到父母无私的爱以及他们无微不至的关怀；上学的时候，我们又得到老师的教导和同学们的关爱；工作的时候，我们又得到领导的提拔和同事的关怀；老了的时候，我们又会得到晚辈的赡养照顾与贴心关怀。

人生正是因为有了来自不同方面的关爱，我们才能够从小学会尊老爱幼，才会明白事理，长大之后才学会为人处世，学会善待他人。是的，我们接受了太多人的爱，我们接受了太多人的关怀。我们应当时时记住别人对我们的好，尽可能地回报别人对我们的恩德。

常言道：滴水之恩，当以涌泉相报。此话不假。

每个人都有走麦城的时候，大师也难例外。话说马尔克斯年轻时供职于波哥大《观察家报》。1955年，他因揭露海军走私而引火烧身，以至于不得不狼狈逃窜，亡命巴黎。

海明威说，巴黎是节日。但在马尔克斯看来，它却是座熬人的炼狱。他穷困落魄，举目无亲。多年以后，他是这样回忆的：没有工作，一人不识，一文不名，更糟的是不懂法语，所以只好呆在弗兰德旅馆的一个不是房间的房间里干着急。肚子饿得实在捱不过去了，就出去捡一些空酒瓶或旧报纸，以换取少量面包。

这样的生活他品尝了整整两年。他在痛苦的期待和期待的痛苦中奇迹般地活了下来。过后他才知道，许多拉丁美洲流亡者都有过类似的乞丐经历。他和他们不谋而合，都发现了这么一个秘密：骨头可以熬汤！买一块牛排搭一大块骨头；牛排吃了，骨头不知要熬多少锅汤。即便如此，他诅咒过那些肉铺。在他看来，所有开肉铺、开面包店或旅馆的，都是可恶的小人。

由于马尔克斯实在穷得可怕，仿佛下辈子也还不清长期拖欠的房租了，弗兰德旅馆的老板拉克鲁瓦夫妇也许是自认倒霉或该当如此，不但不催不逼，最后似乎还不得不由他徒托空言、一走了之。后来，马尔克斯时来运转，竟无可阻挡地发达起来。1967年，《百年孤独》的出版更使他名满天下。

一天，春风得意、身处巴黎某五星级饭店的马尔克斯忽然想起了拉克鲁瓦夫妇。于是他悄悄来到拉丁区，寻找弗兰德旅馆。旅馆依然如故，只是物是人非，他再也见不到拉克鲁瓦先生了。好在老板娘还健在。她一脸茫然，根本无法将眼前这位西装革履、彬彬有礼的绅士同十多年前的流浪汉联系在一起。为了让她相信眼前的和过去的事实并收下“欠款”，马尔克斯煞费了一番苦心。

再后来，马尔克斯获得了诺贝尔文学奖。拉克鲁瓦太太得知这一消息后惊喜万分。她在《世界报》刊登一则寻人启事，诚挚地表示要把那一笔钱归还给他，也算是他们夫妇对世界文学的一点贡献。马尔克斯为此又专程前往巴黎看望老人家，而且陪同他前去的是拉克鲁瓦夫妇年轻时的偶像：嘉宝。马尔克斯诚恳地告诉拉克鲁瓦太太，她的贡献在于她的善良，她没让一个可怜的文学青年流落街头。他还说，她和拉克鲁瓦先生使他相信：巴黎还有好人，世界还有好人。

《菜根谭》有云："我有功于人不可念，而过则不可不念；人有恩于我不可忘，而怨则不可不忘。"

意思是说，当我做了有恩于人的事情的时候，不要念念不忘，当对人有过错的时候，应当时时提醒自己以后不要犯类似的错误；当人对我们有恩情的时候，我们应当时刻记在心上，当别人做过伤害我们的事时，应当尽快忘掉他人的不是。

所以，作为一个有情有义的人，应当经常记住别人对你的好，这样你就会永远生活在感恩的世界里。如果总是揪住别人的过错不放，不仅会增加你的嗔怒恨心，还会因嗔恨别人进而去伤害别人，酿成不好的结果。

用心记住别人对自己的好，不只是记住那些能够给自己巨大帮助的人的大恩大德，即使别人给予自己的是微薄的帮助，哪怕是口渴时别人给予的一杯水，我们也不应忘怀。而对于那些曾让我们恼怒的人，可以一笑而过。人生苦短，我们有限的生命不能浪费在让自己烦恼的人和事上。

◆朋友间，记住别人的好，就会拥有更多的朋友；夫妻间，记住对方的好，关系会更加融洽恩爱；家庭成员，记住别人的好，这个家庭一定会其乐融融。记住别人的好，拥有一颗感恩的心，远比记住别人的缺点、毛病，怀着一颗怨恨之心痛苦地生活，要强一万倍。

对爱你的人的最好报答，是努力

曾经有部畅销书，叫《不要让爱你的人失望》，其书的寓意深刻而丰富：不要让亲人失望，不要让老师失望，不要让朋友失望，不要让单位失望，不要让国家失望、不要让时代失望……而不让爱你的人失望的前提是，你必须具备爱的能力，成就自己美好的人生。

那么，如何成就自己美好的人生？答案显而易见，你必须足够地努力，你必须足够地进取。如此，才不辜负爱你的人和你爱的人。

当然，这里所说的努力不是盲无目的地努力，而是有计划、有目的地瞄准方向的努力。我们做事必须注意行动的方向性和有效性。这样不仅节省时间，同时也更有成效，从而避免白白地忙碌而又毫无所为。

如果没有明确的目标方向，一味地蛮干，是绝不会获取成功，达到理想的彼岸的。现代人最重要的做事原则就是，要时刻清醒地认识自己是什么样的人和要做什么样的事。如果拼命地在错误的事情上浪费精力，即使是做得十全十美，那也只能是南辕北辙，不会给生活带来成功和快乐。

很多人在行动的方向上，总是处于盲从的状态，而不是根据自己的实际状况来考虑问题。这样做，会使自己对工作失去乐趣和激情，最终将摆脱不掉失败的结果。

有一个非常勤奋的青年，很想在各个方面都比身边的人强，但经过多年努力，仍然没有长进，他很苦恼，就向智者请教。

智者叫来正在砍柴的3个弟子，嘱咐说："你们带这个施主到五里山，砍一担自己认为最满意的柴禾。"年轻人和3个弟子沿着门前湍急的江水，直奔五里山。

等到他们返回时，智者站在原地迎接他们。年轻人满头大汗、气喘吁吁地扛着两捆柴，蹒跚而来；两个弟子一前一后，前面的弟子用扁担左右各担4捆柴，后面的弟子轻松地跟着。正在这时，从江面驶来一个木筏，载着小弟子和8捆柴火，停在智者的面前。

年轻人和两个先到的弟子，你看看我，我看看你，沉默不语；唯独划木筏的小弟子，与智者坦然相对。智者见状，问："怎么啦，你们对自己的表现不满意？""大师，让我们再砍一次吧！"那个年轻人请求说，"我一开始就砍了6捆，扛到半路，就扛不动了，扔了两捆；又走了一会儿，还是压得喘不过气，又扔掉两捆；最后，我只把这两捆扛回来了。可是，大师，我已经很努力了。"

"我和他恰恰相反，"那个大弟子说，"刚开始，我俩各砍两捆，将4捆柴一前一后挂在扁担上，跟着这个施主走。我和师弟轮换担柴，并不觉得累，反而觉得很轻松。最后，又把施主丢弃的柴挑了回来。"

划木筏的小弟子接过话，说："我个子矮，力气小，别说两捆，就是一捆，这么远的路也挑不回来，所以，我选择走水路……"

……

有很多的改变都是前进路上的方向标，虽然这些改变看上去很细微，但是他们的作用要比速度重要得多。人生的路，就好像是一次旅行，可以有不同的速度，但首先要明确方向。

现实生活中，有一部分人在匆匆赶路的时候不考虑方向，结果去了一些根本不值得去的地方。没有了方向，速度就失去了意义，要记住，方向永远比速度更重要。

有了明确的努力方向还不够，做事情还必须分清轻重缓急。每一个人的时间和精力都是有限的，如果没有制订一个顺序表，当你面对大量的事情时，便会感到手足无措。因此，要想处理好事情，就需要根据目标，把所要做的事情排列顺序。对实现目标帮助大的、比较紧急的，你就把它放在前面，依次为之，把所有的事情都排一个顺序，制作一张工作顺序表。

这一计划，可能是一天的、一个星期的、一个月的、一个季度的、半年的、一年的、三年的、五年的甚至是一辈子的，无论期限多长，我们都必须清楚自己要做什么，然后依据事情的轻重缓急，逐一完成工作。

当我们按照计划有条不紊地工作和生活，我们的人生之路就会越走越宽阔，我们也会越来越趋于成功。此时，那些关爱我们的亲人、朋友将是除我们之外最开心的人。不要让爱自己的人失望，我们的努力就是对爱我们的人的最好报答。

◆三种值得信任的人：知道你笑容背后的悲伤，明白你怒火里掩藏的善意，了解你沉默之下的原因。——拥有懂你的人，是幸运！

呵护世间万物，就是呵护自己

我们每个人，从出生那天起就开始享受大自然的深情馈赠，自由地呼吸着空气，享受着自然的雨露、阳光；喝着维持生命必需的水，吃着维持生命必需的食物……

我们在人类母亲——地球的哺育和保护下生长、发展。世间万物，于我们人类都有着不可磨灭的功绩。但大自然却从未要求我们加以回报什么。可是，我们日常的一举一动却有可能引起未来巨大的变化。如，一只南美洲的蝴蝶，无意中扇动几下翅膀，就可能引起龙卷风。

1963年，气象学家洛伦兹首次提出“蝴蝶效应”。即，在南美洲亚马逊河流域热带雨林中生活的一只蝴蝶，偶尔扇动几下翅膀，就可能在两周后的得克萨斯引起一场龙卷风。原因是：蝴蝶翅膀的扇动导致其身边空气系统的变化，并产生微弱气流，而微弱气流的产生又会引起它四周空气或其他系统发生变化，依次引起连锁反应，最终导致了龙卷风。

“蝴蝶效应”在社会学界用来说明：一个坏的、微小的机制，如果不加以及时地引导、调节，将会给社会带来非常大的危害；一个好的、微小的动作，只要正确指引，经过一段时间的努力，将会产生意想不到的轰动效应。

不管你信不信，一个微不足道的小动作的确会改变人的一生——

名扬天下的美国福特公司，是世界上最大的汽车生产商之一。可是，创造这一奇迹的人，当初却因一个“捡废纸”的简单动作而进入公司。

那时，福特刚从大学毕业便到一家汽车公司应聘。当他敲门后走进董事长办公室时，发现门口的地上有一张纸，便弯腰把它捡了起来。福特仔细看了看，确定是一张废纸，就顺手将它扔进了垃圾桶。

这一幕被董事长看在眼里。福特刚开口说“我是来应聘的福特”，董事长热情地说：“很好，很好，福特先生，你已经被我们录用了。”这个让福特感到诧异的决定，却源于他那个不经意的捡纸动作。从此以后，福特成功打造汽车帝国，后将公司改名，福特汽车闻名全球。

福特的经历看上去偶然，实际上却是必然。哪怕是无意中的小动作也是一个人习惯的体现，而福特这一习惯的养成来源于他对事物的积极态度。正如心理学家威廉·詹姆士所说：“播下一个行动，你将收获一种习惯；播下一种习惯，你将收获一种性格；播下一种性格，你将收获一种命运。”

在人生历程中，一个灿烂的微笑，一个习惯性的动作，一种积极的态度，都可能产生你意想不到的辉煌或成功，它能给你带来的远远不止于一点点喜悦和表面上的报酬。

拿破仑曾经给一个不拘小节的士官讲了一个故事。大意是，国王骑的马因少了一个马蹄钉而摔倒，进而引起一系列的连锁反应，导致一个国家的灭亡。即“丢失一个钉子，坏了一只蹄铁；坏了一只蹄铁，折了一匹战马；折了一匹战马，伤了一位国王；伤了一位国王，输了一场战斗；输了一场战斗，亡了一个国家。”

可见，有时看似微不足道的小事情，却可能给人们带来毁灭性的影响。

随着人类工业化进程的发展，自然环境遭到前所未有的破坏，无数珍稀物种已经灭绝或正濒临灭绝，气候变得反复无常，冰川大面积融化，全球气温逐年上升……这些人为的给大自然带来的灾难其实就是给人类没有呵护大自然，而给自身带来的灾难。

不仅对世间万物你要倍加呵护，就是对自己的一毛一发你都要倍加珍惜和呵护，你的胃、你的牙齿、你身体的所有器官都需要你精心呵护。如果你把它们当作快乐的工具而毫不吝惜地使用，那么，你的麻烦就来了：慢性胃炎使你再也不能吃你喜欢吃的食物，牙痛会使你彻夜难眠……

对你所用的一切物品也是如此，如果你不爱惜它们，它们很快就会出这样那样的毛病，给你的工作和生活带来不便。对于周围的人也是如此。我们对待家人、亲人、朋友、同事等，如果不用心付出、不懂得关怀，那么迟早会令自己陷入孤立无援的境地。

在你爱护世间万物的同时，别忘了爱护自己。每一个生命的诞生都不是偶然，每一个人所做的事，别人不一定能做得来；而且，你之所以是你，必定有与众不同的地方。这正是你独一无二的特质。

◆一个人心中有多少恩，就有多少福；一个人心中有多少怨，就有多少苦。要相信任何事情的发生都有其原因并有助于你，要相信一切都是最好的安排，要么为了考验你，要么为了成就你。只有心存感恩，才会获得源源不断的能量。

将快乐传递，才是对生命的厚待

人生有离合悲欢，快乐是生活的重要组成部分。快乐可以成为一种习惯，只有生性乐观的人才能拥有。

有一位银行家，经过半生的奋斗，在他51岁时，财富高达数百万美元。但在他52岁的时候，他又失去了所有的财富，而且背上了一大堆债务。

面临巨大打击，他没有颓废，也没有悲观失望，而是决定东山再起。终于，他又积累了巨额的财富。当他还清最后一个债务人的欠款后，这位金融家实现了他的承诺。

有人问他，他的第二笔财富是怎样积累起来的？他回答说："这很简单，因为我从来没有改变从父母身上继承下来的个性，就是积极乐观。从我早期谋生开始，我就认为要以充满希望的一面来看待万事万物，从来不要在阴影的笼罩下生活。我总是有理由让自己相信，实际的情况比一般人设想和尖刻批评的情况要好得多。我相信，我们的社会到处都是财富，只要去工作就一定会发现财富、获得财富。这就是我生活成功的秘密，记住：总是要看到事物阳光灿烂的一面。"

生活中到处有不尽人意的地方，比如，遭到了同学或他人的诽谤，你苦恼不已；受到了别人的批评，你气急败坏等，面对诸如此类的烦心事，如果你不善于调整心态，日积月累就会使你的身体处于亚健康状态，并引起各种各样的心理疾病。

那么，怎样才能培养出快乐的习惯呢？

一是坦然面对现实。在快节奏的生活中，人们会面临种种压力，要敢于面对现实，正视现实。把压力当作是一种挑战，将更有利于人的身心健康。

二是保持乐观。俗话说，“笑一笑，十年少”。乐观的情绪不仅能使你显示出青春活力，还将有助于增强你的肌体免疫力，免受疾病的侵袭。

三是抛弃怨恨，学会宽容。怀有怨恨心理的人情绪波动较大，不是整天抱怨，就是后悔；不是对人怀有敌意，就是自暴自弃，这样容易引起心理障碍。所以，平时应学会抛弃怨恨，学会宽容，学会原谅自己。

四是富有幽默感。有人称幽默是“特效紧张消除法”，是健康人格的重要标志。许多健康的事业成功者，都具有幽默感。

五是还要拥有爱心。拥有爱心会使世界变得更美好，会更有助于自己的身心健康。乐于助人还可使你广交朋友，这不仅是人生的一大乐事，还会使人更长寿。

一个人心情的好坏，可以通过练习来调整培养。萧伯纳说过：“如果我们觉得不幸，可能会永远不幸。但是我们可以凭借动脑筋和下决心来利用大部分的时间想一些愉快的事，应付日常生活中使我们不痛快的琐碎小事和环境，从而使我们得到快乐。”

生命中有快乐也有悲伤，这就是完整的人生，如果我们仅仅把忧伤保持在记忆里，人就会活得很累很苦。所以，我们不妨把悲伤的记忆过滤掉，每天像练习哑铃一样有规律地回忆生活中那些偶然的快乐和美好的时光。当遇到挫折和不如意时，我们可以唤醒内心一些美好的东西，以此来化解自己的愤怒、伤心和不快。把这当成一种心理运动长期坚持下去，人的内心必然会产生惊人的变化。

培养快乐的习惯还有一个最简单的办法，那就是每天多练习微笑几次，尽量使自己看起来精神些，多说些使自己感到开心的话，多做些使自己感到开心的事，以此来驱散烦恼和不快。

此外，人们之所以不快乐，还有一个很重要的原因，那就是大多数人对真实的自我看不清楚，常常过高地估计和评定自我，认为自己“应当是”或“必须是”什么样的人，一旦自己设定的理想无法实现，人们的内心就会产生挫败感，从而陷入痛苦之中。

所以，如若期望快乐生活，人们还应该学会正确看待自我，适当调整对自己的要求，以此缓解内心的冲突。将快乐传递、分享，你会得到双倍的快乐。如此，又何尝不是厚待生命呢？快乐亦如幸福，越传递其光环越放大。

◆要想让快乐与自己相伴，首先要学会调整自己头脑中的一些消极思维方式，用积极乐观的态度看待身边发生的一切。对生活环境多欣赏，少抱怨，用宽容平和的心态对待生活。这样，烦恼、忧伤和不满就会烟消云散。

帮助别人，也是成全自己

这是一个发生在100多年前的真实故事。故事发生的地点在英国。

某天下午，一位贫困的农民正在一个乡村田野里辛勤劳作。忽然，从远处传来呼救声。这位农民赶紧放下手中的活计，跑向声音传来的方向。原来，一名少年不幸落水了。农民见状，毫不犹豫地跳入水中开始救人。最终，孩子得救了。

后来，人们才知道，这个农民救的孩子是一个贵族公子。几天以后，老贵族带着丰厚的礼物亲自到农民家致谢，农民却委婉地拒绝了这份厚礼。在他看来，自己当时救人只是出于良心，并不能因为对方富有就贪恋财物。

老贵族对农民的善良与高尚非常敬佩，为了感谢农民的恩德，他决定资助农民的儿子到伦敦去接受高等教育。能让自己的孩子受到良好的教育，是农民多年以来的梦想，他接受了这份馈赠。农民感到前所未有的快乐，因为他的儿子可以去外面世界、有了改变自己命运的机会；老贵族也感到前所未有的快乐，因为他终于可以帮助恩人了。

农民的儿子学习非常刻苦，多年以后，他从伦敦圣玛丽医学院毕业，因其品学兼优，被英国皇家授勋封爵，并于1945年获得诺贝尔医学奖。他就是亚历山大·弗莱明——青霉素的发明者。

与此同时，那名贵族公子也出人头地了。不幸的是在第二次世界大战期间，他患上了严重的肺炎。但幸运的是，贵族公子依靠弗莱明发明的青霉素，很快就痊愈了。这名贵族公子就是闻名世界的英国首相——丘吉尔。

这就是关于农民与贵族的故事，也是现实中少有的故事。农民与贵族都在别人需要帮助时伸出了援助之手，也为他们的后代甚至国家播下了善种。

人们常说人生无常，因为你永远不知道幸运或不幸哪一个先到。但是，无论人生如何变幻莫测，总会发生很多不可思议的事情。事实上，我们在帮助别人的同时，也是在帮助自己。善因定会结善果。

善良是如此的美妙，善意可以如此地传递。只要我们怀着感恩的心对待人和事，我们就无形传递了爱。如此，我们每一天的生活都是幸福和幸运的。

又一个故事，似乎早已被人遗忘了的故事。

2009年的一天下午，一辆载有十几名乘客的长途客车在盘山公路上行驶。很多乘客都在闭目养神。开车的女司机长得很漂亮，有3个年轻男人上车就瞄上了漂亮的女司机。他们似乎是预谋已久。

黄昏的时候，这3个男人从车的后排座上站起来，嚷嚷着要下车方便，要求女司机停车。女司机听到后，就找了个合适的地方将车停下，并对大家说，大家谁要方便的都去方便啊！有些乘客就站起来往车门口走。那3个刚才嚷嚷下车的家伙满口污言秽语，开始调戏女司机。

女司机一见这情形，知道自己遇上了坏人，于是大声呼救！这时车上的人全都静了下来，无一人上前相帮。歹徒们更加猖狂了，把司机往车下拉，嘴里还不时说出些淫秽的脏话。这时，一个瘦弱的小伙子站出来制止，并呼吁其他乘客也来制止歹徒。结果，乘客们都无动于衷。随后，3个歹徒将小伙子暴打了一顿，然后拖着呼救的司机进了路边的树林……

几十分钟后，3个歹徒和女司机衣衫不整地从森林里走了出来。女司机一脸的无助与茫然，脸上没有泪水。只见她走到刚才那个小伙子跟前，气愤地说：“滚！你这个窝囊废，没本事逞什么熊能？滚蛋，别坐我的车！”这个小伙子听了心里很不快，心想我好心救你，你却骂我，这是什么道理！再看看那3个凶神恶煞的嘴脸，又想，还是算了吧，今天算我倒霉，下去就下去吧。于是小伙子哼了一声，带着随身的行李包下了车。

接着，司机从容地坐上驾驶座，发动着机器，那3个歹徒也嘻嘻哈哈地上了车。这时车开了，司机面无表情，将车挂在了最高挡，开足了马力，向前方拐弯处的峭壁冲了过去……

第二天，半路上被赶下车的瘦弱男子看到了电视新闻：“昨晚7时左右，伏虎山区发生惨烈车祸，一辆车牌号为×××的中巴摔下山崖，车上司机和13名乘客无一生还……

读到这里，我想每个人的心情都是沉重的。善良有善良的回报，冷酷也将为冷酷付出代价。小伙子最终幸免于难，皆因他的善良。这就叫爱出者爱返，福往者福来。

◆一个与人为善的人，不一定非要做出惊天动地的事，他只要不恃强凌弱，不落井下石，不违法乱纪，心胸坦荡，光明磊落，在他人遇到困难之时，能够热情相帮，这就是存好心，做善事。这就是善良。

第四章

懂得付出，收获将不期而至

有人说，平庸的人只有一条命，叫性命；优秀的人却有两条命，即性命和生命；卓越的人则有三条命：性命、生命和使命。它们分别代表着生存、生活和责任！

人的一生只有耕耘才会收获。你种下什么种子，就会收获什么果实。种下善良的种子，会结成幸福和美满；种下责任的种子，会结出喜悦和成功。

因为有你的爱，生活是那么美好

亲爱的朋友们，不知道你有没有想过：我们究竟拥有多少爱？我们对一花一草、对身边的朋友、对我们的亲人、对我们的爱人、对工作，究竟有多大的爱心？

第二次世界大战时，德国军队曾经把一批革命者抓起来，押在一个特制的牢房。所谓特制的牢房，是因为过去的牢房是很多人住在一起，这次则是一人一间。没机会跟别人说话，看不到阳光，在阴暗、潮湿的一个小房间，每天都做编织篮子这样一件机械、单调、重复的事情。

结果，几个月下来，有好几个人已变得很憔悴，很忧郁，得了神经病，有的甚至死亡。4年下来，只有一个人活着走了出来，而且是很健康、满面红光地走出来。他靠的是什么法宝？热爱编织。他想办法每天编织一个新花样，反正是编嘛，与其痛苦地接受它，不如愉快地拥抱它！他刻意寻找编织的乐趣，不仅健康地出来了，而且还成了一个著名的编织师。

爱心是我们爱人类、爱别人、爱祖国的力量源泉。一个没有爱心的人，是一个没有出息的人，是一个没有前途的人。爱心无价，无论做什么事，都要有爱心。只有充满爱心，才能享受到人生的真情，才能感受到人类的伟大。爱心如阳光，什么样的冰山都能融化；爱心如蜜糖，它可以使一颗苦涩的心品尝到甘甜。

爱的情感，是所有高尚情感的源泉。爱心，善良之本。有人说，人不能太善良，善良就要被人欺负，就要吃亏。事实上真正善良的人，真正拥有爱心的人，才能拥有别人的爱，才能得到更多人的帮助。而我们都是生活在群体中，任何一个人想凭单打独斗取得成功都是十分困难的。

有人曾经对诺贝尔奖获得者作过统计，说早期的诺贝尔奖获得者还有一些是单兵作战，靠个人或几个人的努力去做课题而获得诺贝尔奖，但现在诺贝尔奖获得者几乎没有一个是单靠个人的劳动，而必须是一个团体，数百人，甚至更多的人在攻克同一个课题。当然，最后获奖的是其中的一个代表。我们生活在一个相互依赖、相互联系的社会中。走向社会，我们就会知道“一个好汉三个帮，一个篱笆三个桩”的道理。没有好的人际关系，没有好的人缘，我们就很难真正取得人生的辉煌。

心理学把人分成两类：一种叫人缘儿，这种人大家都喜欢他，大家都愿意帮助他；还有一种人叫嫌弃儿，人们都很讨厌他。相信我们都不愿意做嫌弃儿，都愿意做人缘儿。做人缘儿一个很重要的前提就是要有爱心。有爱心的人才会体贴别人，才会善于了解别人，才能知道别人的冷暖，才会在别人最需要帮助的时候伸出友谊之手，才会在别人最困难的时候给予帮助。所以，学会爱，学会爱别人，爱父母，爱朋友，这是做人和人生成功的一个重要因素。不仅要爱人，还要爱事业、爱学习。不爱学习的人，不爱读书的人，是不会取得成绩的。

爱我们的学习和工作。工作对于一个人而言，是人生最重要的阶段，不仅食、衣、住、行要靠工作，自我的实现也不能脱离工作。

我们要学会在工作学习中寻找快乐，这点很重要。很多人在生活中都有这样的感觉，当解决一个很难的问题时，我们会很开心；当写出一篇令自己得意的文章时，自己也会很快乐。我们做学问和做事业，不仅需要爱，更需要在爱中找到快乐之源。一个懒于学习和工作的人，总会把学习和工作当作一个外界强加的事情来做，既无爱可言，也无快乐可言，更别说在工作中取得优异的成绩了。

有时是非常枯燥、非常乏味的事情，只要我们去发现它内在的魅力、内在的美，就会发现，原来生活是如此美好，学习和工作是如此快乐。学会从日常学习和工作中找到快乐，想办法让自己开心起来吧！爱，是我们快乐人生的阶梯；爱，令我们的生活更美好。

◆如果你以感恩的心，以一颗爱心来看待一切，那么一切都会变得美好起来。风雨有风雨的美，阳光有阳光的暖，苦难有苦难的历练，幸福有幸福的甘甜。

把爱献出去，才能得到爱

爱不是凭空产生的一种感情，它是人在付出和牺牲之后自然而然结出的果实，付出和牺牲得越多，爱也就越深。

当你为爱情付出很多时，即使你想不爱你的恋人，也是欲罢不能。爱是覆水难收，是可以连生命一起泼出去的。当我们为朋友和同事付出很多时，就会发现我们像两颗树，枝丫向彼此越长越近，直到交缠到一起，那种付出是可以相互感染的，最后变成一种互动，一种能量的转换和共性。当我们为专业和工作付出很多时，我们没法不爱它；爱它，就会为它付出得更多，在这种美好的循环中，使我们不断提高、进步，生活也变得充实。所以一个吝啬于付出的人，一定也没有什么爱。

一个诗人和女友出去散步，看见道边坐着一个乞讨的老妇人，好让人可怜。女友便想给她点钱，诗人对女友说："应该给她的心灵送点东西，而不是一丁半点的施舍。"女友感到不解。

第二天，诗人出去散步时，手上拿了一朵玫瑰花。当他走到老妇人面前时，弯下身子，双手把花送给了老妇人。老妇人站了起来，伸出双手，握住诗人的手，激动得半天说不出话来。接下来的几天，诗人和女友出去散步时，便没再看见老妇人。后来老妇人终于又回来了，她和以前一样坐在那里乞讨。

诗人和女友又来到了她面前，她拿出了一个精心制作的小礼物送给了他们。

女友道："她前几天为什么没来啊？"诗人语重心长地答道："她要给爱回报。"

诗人送给老妇人的哪里是玫瑰花啊，分明是一颗炽热的爱心，正是这颗爱心，让老妇人感到了人间的温暖，因为诗人的爱而让她感到生命更加充实。于是她也精心制作了一个礼物，把爱回报给了诗人。

爱，不是被爱也不是等待，爱是先把自己交出去，然后才能得到爱的花朵。

1.爱需要表达

我们要与恋人相处，以期得到心与心的碰撞，情与情的交融，思想与思想的沟通，我们心中有爱，我们正在经历或将要经历爱情，我们为爱情激动，我们为爱情燃烧，我们因爱情而烦恼，无疑，我们的爱需要说出来。在爱情里，一句简简单单的"我爱你"，抵得上一千句甜言蜜语。开不了口，就写出来、画出来，最重要的是要让对方知道。同时还需要信物传情，爱的表达不仅仅是语言表白，还有行动。我们不仅要学会表达爱，还应善于发现和体会别人不同方式的爱的表达。

2.爱要适度

母爱是最无私的，但是如果对孩子太娇宠，或者太严格，都可能会使母亲自身变成孩子成长的模具，使他们的性格过于柔弱，或者过于执拗，这对他们未来的社会生存和生活都是很不利的。女人对丈夫的爱也是同样的，如果放得太开，会把男人惯坏，如果抓得太紧，则会使男人太累。鸽子天天放出去，天天飞回来，鸟儿被关在笼子里一旦放出去就永远不会再回来。爱就应当让爱与爱之间保持一定的尺度，爱是黑夜里的星辰，我们的生命因它而灿烂、恒久。

3. 爱需要走出沉重

所有的爱也许都有沉重的一面，为了爱必须走出爱的沉重，为了爱，还需要割爱，不然，爱就会成为一种包袱，会影响到我们理想的追求和事业的前行。

4. 爱是生命的见证

只有爱才是生命的见证，只有爱的语言才是生命里最美好的证言。爱过，这便是生命的全部意义，也正因为爱过，才会赢得爱，以自己的爱心点燃他人的爱心，生命才有意义。

爱是清香四溢茶水中的一片叶，淡淡的却散发着余味。爱是荡气回肠的音乐中的一个音符，轻轻地弹奏出美妙声音。爱是你不经意中体会的温馨，经历爱时不觉得是爱，失去时才知道是爱。

爱是一种承担，温暖的、善良的承担。它那般抽象，又如此具体，它不能被独立，被脱离——爱某一个人，其实也就是爱每一个人。

◆心在哪里，我们的幸福就在哪里——不论遇到怎样的困难、怎样的逆境、怎样的迷茫，都要相信这句至理名言。不论何时何地，只要有一颗真正的爱心，我们就能像磁铁一样，吸引到有用的资源、美好的事物以及幸福的生活。

爱心，是你成功的秘密

爱心具有强大的力量，因为这是一切成功的最大秘密。我们一定要让爱成为最强大的武器，因为没有人能抵挡它的威力。

这是发生在美国的一个真实故事：

一个风雨交加的夜晚，一对老夫妇走进一间旅馆的大厅，想要住宿一晚。值夜班的服务生说："十分抱歉，今天的房间已经被早上来开会的团体订满了。若在平常，我会送二位到别的旅馆，可是我无法想象你们要再一次置身于风雨中，你们何不待在我的房间呢？它虽然不是豪华的套房，但还是挺干净的，因为我必须值班，我可以在办公室休息。"

老夫妇大方地接受了年轻人的诚恳的建议，并对给他造成的不便致歉。隔天雨过天晴，老先生结账时，柜台里仍是昨晚的这位服务生。这位服务生依然亲切地表示："昨天您住的房间并不是旅店的客房，所以我们不会收您的钱，希望您与夫人昨晚睡得安稳！"

老先生点头称赞："你是每个旅馆老板都梦寐以求的员工，或许改天我可以帮你盖栋旅馆。"

几年后，就在大家都不记得这回事的时候，这名服务生突然收到一封寄自纽约的挂号信。信里描述了那个风雨的夜晚发生的事情，并邀请他去纽约游玩。信中还附上了一份邀请函和去纽约的来回机票。

在抵达纽约曼哈顿后，服务生见到了这位当年的旅客。老先生指着街口的一栋华丽的新大楼说："这是我为你盖的旅馆，希望你来为我经营，可以吗？"这位服务生惊奇莫名，说话变得结结巴巴："你是不是有什么条件，你为什么选我呢，你到底是谁？""我叫威廉·阿斯特，我没有任何条件，我说过，你正是我梦寐以求的员工。"

这家旅馆就是后来全球著名的希尔顿饭店。1931年启用，是纽约极致尊荣的地位象征，也是各国高层政要造访纽约下榻的首选。

当时接下这份工作的服务生就是乔治·波特——奠定希尔顿饭店世纪地位的人。

是什么样的态度让这位服务生改变了他的命运？毋庸置疑，他遇到了"贵人"，可是如果当天晚上是另一位服务生当班，会有一样的结果吗？正是他奉献了自己的爱心，才使自己的命运得到改变。虽然是带有机遇性的偶然事件，但是却包含了必然性的因素。

"二战"中盟军统帅艾森豪威尔将军，有一天，乘车回总部参加紧急军事会议。天气异常寒冷，空中飘舞着鹅毛大雪，地上的积雪也被碾成了冰，行走起来十分困难。汽车小心翼翼地在冰上行驶着。忽然，他看到一对法国老夫妇在路边，佝偻着身子，看样子冻得十分厉害。他赶紧命令身边的翻译官上前去询问有什么可以帮助的。坐在车上的参谋急坏了，赶紧阻止说："我们的会议马上就要开始了，把他们交给当地警方处理吧？"艾森豪威尔听了，丝毫没有犹豫，他坚定地说："不行。我命令你立刻下车处理这件事。要等当地警方来帮助他们，很可能他们就已经冻死了！"没办法，参谋和翻译官只好下车去问个究竟。原来，这对老夫妇正准备去巴黎投奔自己的儿子，但因为车子抛锚，前不着村，后不着店，不知如何是好。于是，艾森豪威尔立即把这对老夫妇请上车，特地绕道去了趟巴黎。送完这对老夫妇之后，才风驰电掣般地赶去参加紧急军事会议。

尽管艾森豪威尔根本没有行善图报的动机，然而，他的善心义举却得到了意想不到的巨大回报。原来，那天几个德国纳粹狙击兵虎视眈眈地埋伏在艾森豪威尔必须经过的那条路上，如果不是因善行而改变了行车路线，他恐怕就很难躲过这场劫难。如果艾森豪威尔因遭伏击而身亡，那么整个“二战”的欧洲战史就很可能会因此而改写！

没有爱心的人不会有太大的成就。不愿奉献的人，不能忍让的人，对人冷淡的人，缺乏爱心的人，就不太可能得到别人的支持；失去别人的支持，离失败就不会太远了。

◆一个人即使才疏学浅，也能以爱心获得成功；相反，如果没有爱，即使博学多识也终将失败。

爱就是关怀得多，计较得少

爱是什么？有人说爱是浪漫，有人说爱是关怀，不同的人心中爱的定义是不同的。其实，仔细想来，爱只是一份牵挂、一种责任。

有位太太的先生是知名的企业家，对她百依百顺，以世俗人的眼光看起来，她很幸福。物质生活的富裕，使她看起来是幸福中的幸福人。但她仍觉得很苦，看到一个朋友时，却哭得很伤心，朋友问她：“你有什么不满意呢？”

她说：“你不知道啊！他最近变得冷淡，使我痛苦、不满。”朋友劝她说：“到底你要追求多少感情才满意呢？不要太强求，感情如同一个球，愈硬碰，它跳得愈高愈远。”

她问：“那要如何解决呢？”

朋友回答道：“放宽尺度，你爱的范围太狭窄了，犹如把感情当成一条绳子，缚（管）得他对你产生敬而远之的心理，才使你那么痛苦。你应该以柔和的感情来宽容他的一切，不要以占有欲、控制欲来加在感情上面，否则先生表面又顺又爱，但内心却又烦又畏，也就难怪他会对你有欺骗的行为。你若能把爱扩大到去爱他所爱的人，他一定会感谢你，同时也更珍惜这份感情中的恩情，因为你所给予他的爱是那么的自在。人的感情就像是熔炉，只要你多给他宽大的爱，满足他的感情，再冷再硬的心也会被它熔化……”

的确，爱情是一种不应计较回报的付出，而不是时时刻刻的索取。如果希望自己的付出得到同样的回报，那么到最后得到的或许是苦涩的果实。因为彼此对回报的定义并不在统一的见解上。爱一个人，就是无条件的付出，哪怕最后落得伤痕累累，也不会感到后悔，这才是爱的最真表现。否则充其量也只能算是喜欢。

爱情就是两个人的相濡以沫，爱情就是两个人的长相厮守，有爱的人会觉得一切都是甜蜜的。每天晨起时，能看见自己的爱人就在身边，看着爱人忙忙碌碌的身影；能在有星星的夜里，和爱人缱绻星光下，数数天上的点点繁星，细述心中的份份情谊，那就是一种幸福。虽然很简单，但是很实在。爱情，就是当我们生病时，爱人给我们递上的一杯开水、几粒药丸，还有充满关怀与爱的眼神……这样，我们就无药自愈了。

爱情，就是彼此竭力地付出与承受，它们无微不至、无所不能，因此爱情也就是包容。当我们发现我们已经能够容忍爱人的一切的时候，那说明我们已经懂得爱、付出爱、承受爱、拥有爱。当然，包容并不等于纵容。包容是用心去拥抱爱情，而纵容只能令爱情陷于万劫不复之地。因此，爱情不会只是风平浪静地相处，有爱的日子也会有磕磕绊绊、吵吵闹闹，而我们就在这些磕磕绊绊中修补我们的爱情，我们就在这些吵吵闹闹中看到彼此的不足，然后不断修补爱情的漏洞，能走过磕磕绊绊的爱情就能坚持到最后。我们或许可以把爱情比作一瓶酒，爱情这酒必须有它的烈度，这就是轰轰烈烈的爱恨交集。但是，喝多了太烈的酒会伤身体，同样，爱情不是轰轰烈烈后就完事，它需要持之以恒。所以爱情的浓度更令人心醉，如酒，越陈越香，越陈越耐喝。

爱情就是一种牵挂，当我们远行时，在异乡窗前的明月下，我们会思念远在家乡的爱人，我们会默默为他祈祷，“但愿人长久，千里共婵娟”。爱情就是四海飘泊的人儿，在一个陌生的城市中找到一个能够寄托终生的爱人，然后在这个城市停驻下来，落地生根……爱情就是这样的有所依托。

爱情是甜蜜和苦涩的混合体，就好像多彩的颜色是由红、黄、蓝三色变化而成。从另外一个角度来看，爱情是一种容易变质的东西。它很难经得起时间、空间的考验。爱情路上的落魄者大都会告诉我们一个不争的事实：千万不要随意用时间或空间来考验我们的爱情。真心的爱，只付给值得爱的人。

如果再多的话语都阐释不了爱情，那么，就让我们把爱情归结为在冷冷的冬夜里爱人给我们递上的一杯热咖啡、春暖花开时彼此相视的那种满满的笑意，自在，而且自得。

◆只有去爱每一个人，爱才不至于自私、褊狭、疲惫，才不容易像脱水的花朵般凋败，才能受到更恒久更普遍的祝福。学会真正去爱一个人，就是学会爱身边的一切，爱世间的万物。

欣赏别人，会得到更多的欣赏

这世上的物种有千千万，这世上人有万万千，不一定都要相爱，也不一定都要相守，我们只需学会欣赏，生活就会变得处处晴朗。

欣赏是一种付出，更是一种实实在在的享受。人生需要学会欣赏，不仅欣赏别人，也要欣赏自己。茫茫大千，世态万千，无论何时何地，只要你学会了欣赏，你便已收获快乐、收获温馨。一个懂得欣赏的人，他的心情定是阳光灿烂。

这是一个真实的故事。克林顿·希拉里曾在演讲中多次提到她在中学读书时与爸爸相处的一桩往事：

一个春暖花开的中午，希拉里和爸爸在公园里散步。她发现一个老太太紧裹着一件厚厚的羊绒大衣，脖子上围着一条毛皮围巾，那穿戴仿佛是在滴水成冰的三九隆冬。她说："爸爸，你看，那位老太太穿的，真是太奇怪、太可笑了！"

当时爸爸的表情有些严肃，沉默了一会儿说："希拉里，我突然发现你缺少一种本领，就是欣赏别人的本领。这说明你在与别人的交往中，缺少了一些热心和友善。"

希拉里觉得爸爸太小题大做了，很不服气地问："那你不觉得老太太穿得太多了吗？"

爸爸说：“恰恰相反，我觉得老太太很值得欣赏。她穿着羊绒大衣，围着毛皮围巾，也许是因为生病初愈，身体还没有完全康复，也许是因为别的什么原因。但你仔细看，她专注地看着树枝上清香、漂亮的丁香花，表情是那么的安详、愉快。她是那么热爱鲜花，热爱春天，热爱大自然。我觉得老太太的神情令人感动！难道你不认为她很美吗？”

希拉里认真地观察了之后，觉得确实像爸爸说的那样，从老太太脸上的笑容可以看到她的内心像怒放的鲜花一样。爸爸领着希拉里走到老太太面前，微笑着说：“夫人，您欣赏鲜花的神情真令人感动，您使这春天变得更加美好了！”

老太太似乎有些激动：“谢谢，谢谢您！先生。”随后，她从提包里取出一小袋饼干，一边递给了希拉里一边夸赞地说：“这孩子真漂亮……”

事后，爸爸对希拉里说：“渴望得到欣赏，是人的本性。一定要学会真诚地欣赏别人，因为每个人都有值得欣赏的优点和特点。当你学会真诚地欣赏别人之日，就是你得到别人更多欣赏之时。”

红尘滚滚，众生芸芸，到处都充满绝美的风物。一个懂得欣赏的人，必是懂得享受生活的人；一个懂得欣赏的人，自会拥有无穷的快乐；一个懂得欣赏的人，也一定是个幸福而知足的人。

欣赏是一种博大高雅的情怀。我们很难想像，一个没有爱心的人，他又如何懂得欣赏？一个缺少生活趣味的人，他又如何知道欣赏？

欣赏是发自内心的一种内在的修养，只有内心辽阔，知恩、感恩的人才会时时欣赏别人，他才是一个真正幸福的人。大千世界，人心复杂，自以为是者很多，真正懂得欣赏别人者不多。虽说欣赏能滋生幸福，但欣赏也是一种学习。生活里，每个人都有各自的优点，每个人都有各自的弱点。要想学会欣赏，就要随时能看到别人的优点，汲取别人的优点让其自觉地成为自己的优点。久而久之，你就会成为一个优秀的人。一个优秀的人，自然也懂得欣赏。

台湾著名作家林清玄当年做记者时，曾经报道了一个案例。有一个小偷作案手法非常细腻，犯案上千起均巧妙逃脱。终于，这位小偷还是迎来了人生的第一次被捕。林清玄在文章的最后情不自禁地感叹："像心思如此细密、手法那么灵巧、风格这样独特的小偷，又是那么斯文有气质，如果不做小偷，做任何一行都会有成就的吧！"

然而令人没有想到的是，林清玄20年前无心写下的这句话却影响了这个青年的一生。如今。当年的斯文小偷已经是台湾几家羊肉炉店的大老板了！他在与林清玄的一次邂逅中，诚挚地对林清玄说："林先生写的那篇特稿打破了我生活的盲点，使我想，为什么除了做小偷，我没有想过做正当事呢？"从此以后，他便脱胎换骨，重新做人。

让我们回头想想，假如没有林清玄当年对小偷的"欣赏"和企盼，或许这位小偷也不会取得他今天的事业和成就。如果林清玄当初对这位小偷口诛笔伐，那么，这位小偷或许也不会步入正道。由此可见，欣赏也是善良的表现，欣赏对人生是多么重要！

◆欣赏别人需要爱心，被人欣赏需要魅力。智者尊重每个人，因为他知道人各有所长，也明白成事不易。学会欣赏每个人会让你受益无穷。称赞不但对人的感情，而且对人的理智也起着很大的作用。（列夫·托尔斯泰）

再苦也要学会，给自己一声赞美

渴望得到别人的赞美毕竟不如自己赞美自己来得容易。既然我们需要赞美，既然赞美可以让我们更上一层楼，催我们不断奋进，何不让我们学会赞美自己？

有一个喜欢棒球的小男孩，生日时得到了一副新的球棒。他激动万分地冲出屋子，大喊道："我是世界上最好的棒球手！"他把球高高地扔向天空，举棒击球，结果没中。他毫不犹豫地第二次拿起了球，挑战似地喊道："我是世界上最好的棒球手！"这次他打得更带劲儿，但又没击中，反而跌了一跤，还擦破了皮。男孩第三次站了起来，再次击球，这一次准头更差，连球也丢了。他望了望球棒道："嘿，你知道吗，我是世界上最伟大的击球手！"

后来，这个男孩果然成了棒球史上罕见的神击手。

是自己的赞美给了他力量，是赞美成就了小男孩的梦想。也许有一天，我们能像小男孩一样登上成功的顶峰，那时再回首今天，我们会看见通往凯旋门的大道上，除了脚印、汗水、泪水外，还有一个个驿站，那便是自己的赞美。也许有一天你会赢来无数的鲜花和掌声，但你会发现，只有自己的赞美才是最美最真实的！

在美国，一位叫塞尔玛的女士内心愁云密布，生活对于她已是一种煎熬。

为什么呢？因为她随丈夫从军。没想到部队驻扎在沙漠地带，住的是铁皮房，与周围的印第安人、墨西哥人语言不通；当地气温很高，在仙人掌的阴影下都高达华氏125度；更糟的是，后来她丈夫奉命远征，只留下她孤身一人。因此她整天愁眉不展，度日如年。我们能想象她内心的痛苦，就像我们自己也会经常碰到的那样。

怎么办呢？无奈中她只得写信给父母，希望回家。

久盼的回信终于到了，但拆开一看，令她大失所望。父母既没有安慰她几句，也没有说叫她赶快回去。那封信里只是一张薄薄的信纸，上面也只是短短的几行字：

“两个人从监狱的铁窗往外看，一个看到的是地上的泥土，另一个看到的却是天上的星星。”

她开始非常失望，还有几分生气，怎么父母回的是这样的一封信？！尽管如此，这几行字还是引起了她的兴趣，因为那毕竟是远在故乡的父母对女儿的一份关切。她反复看，反复琢磨，终于有一天，一道闪光从她的脑海里掠过。这闪光仿佛把眼前的黑暗完全照亮了，她惊喜异常，每天紧皱的眉头一下子舒展了开来。

原来，在这短短的几行字里，她终于发现了自己的问题所在：她过去习惯性地低头看，结果只看到了泥土。但自己为什么不抬头看？抬头看就能看到天上的星星！而我们生活中一定不只有泥土，一定会有星星！自己为什么不抬头去寻找星星，去欣赏星星，去享受星光灿烂的美好世界呢？

她这么想，也开始这么做了。

她开始主动和印第安人、墨西哥人交朋友，她开始接纳别人、欣赏周围的一切。结果使她十分惊喜，因为她发现他们都十分好客、热情，慢慢地她和他们都成了朋友，朋友们还送给她许多珍贵的陶器和纺织品作礼物；她研究沙漠的仙人掌，一边研究，一边做笔记，发现仙人掌是那么的千姿百态，那样的使人沉醉着迷；她欣赏沙漠的日落日出，她感受沙漠的海市蜃楼，她享受着新生活给她带来的一切。慢慢地她找到了星星，真的感受到星空的灿烂。

她发现生活一切都变了，变得使她每天都仿佛沐浴在春光之中，每天都仿佛置身于欢笑之间。后来她回到美国，根据自己这一段真实的心路历程写了一本书，叫《快乐的城堡》，引起了很大的轰动。

所有的这一切正如叔本华所言："事物的本身并不影响人，人们只受对事物看法的影响！"

学会赞美自己，你的心境会豁然开朗，紧锁的眉头会慢慢舒展。赞美自己不需要理由。让我们每天都发自内心地、真诚地对自己说上一声："今天，我做得很好。"只要坚持下去，你会发现自己变得很自信。烦恼、痛苦、忧愁将很少发生在你的身上。

◆即使我们不能改变环境，至少我们可以改变内心的想法和看待事物的态度；我们不能改变容貌，但可以展现笑容；我们不能控制他人，但可以掌控自己；我们不能预知明天，但可利用好今天；我们不可能每战每胜，但我们可以尽心尽力……

惜　福　福　常　在　　随　缘　缘　自　来

第五章

帮扶他人，世间将春暖花开

目中有人，才有路。心中有爱，才有度。一个人的宽容，来自一颗善待他人的心；一个人的涵养，来自一颗尊重他人的心；一个人的修为，来自一颗和善的心；一个人的成功，来自一颗执着的心。人生越努力越幸运，越拼搏越精彩，生活越投入越幸福！

播下善良的种子，会收获更多善良

我们的心灵是一个待开发的处女地，我们要用爱的哲学开发她，用善良的理念灌溉她，用友好互助的春风吹拂她，直到人性的花朵处处开遍。

善良的方式无穷无尽——病榻前的几句问候，邂逅时的一个招呼，就餐时的一个邀请，冒犯时的一句真心致歉，冲突时的一个主动谦让，忧愁时的安慰，挫折时的鼓励……只要我们愿意，就可以把关爱的行为体现在每一个细节上。

如果一味地贪图获取，只能满足自己的私欲。如果大度一点，乐于助人，予人玫瑰，除了赢得人们的尊重外，还会获得幸福的回报。

有个人在沙漠中迷失了方向，饥渴难忍，但他仍然拖着沉重的脚步，一步一步地向前走。走了很久，他终于找到了一间废弃的房屋。这间屋久无人住，风吹日晒，摇摇欲坠。

在屋前，他发现了一个吸水井和一个水壶，水壶壶口被木塞塞住，壶下有一个纸条，上面写着："你要先把这壶水灌到吸水器中，然后才能打水，但是，在你走之前一定要把水壶装满。"

这个人小心翼翼地打开水壶塞，里面果然有一壶水，然而他却面临着艰难的抉择，是不是该按纸条上所说的去做，还是把这壶水喝下去，保住自己的生命。

突然，一种奇妙的感觉给了他力量，他下决心照纸条上的做，果然吸水井中涌出了泉水，他痛痛快快喝了个够！

休息一会儿，他把水壶装满水，塞上壶塞，在纸条上加了几句话："请相信我，纸条上的话是真的，只有当你把生命置之度外，才能尝到甘美的泉水。"

爱是无价的，它不需要回报，然而付出爱的人总能得到回报。爱是可以传递的，每一个人都献出自己的爱，不断地传递下去，世界将变得无限美好和温馨。

古罗马的大斗兽场几乎尽人皆知，那里面已经发生过千百次人兽相搏。至于那里出现过的一次奇迹，也许有的人还不曾听闻。

那次，在斗兽场上，人们把饿了好几天的狮子放了出来。当时，缩在墙角的囚徒罗支莱斯颤抖着拎起长矛，默默地祈祷。他想自己快要完蛋了，但愿狮子能给自己留下一条全尸。

饿极了的狮子一眼就瞅到墙角的人，它仰天长啸一声之后，便迫不及待地猛扑上去。罗支莱斯眼睛一闭，把长矛向前一刺，狮子却灵巧地避开了。就在这千钧一发之际，那只狮子突然停止了进攻，并且围着罗支莱斯打起了转转。然后它又忽然停了下去，缓缓地在罗支莱斯身边卧了下来，温顺地舔着他的手和脚。

全场顿时鸦雀无声。不一会儿猛地爆发出热烈的欢呼声。罗马皇帝也大为惊讶，破例把罗支莱斯叫上看台来询问原由。

原来在3年前，罗支莱斯在路边发现了一只受了重伤的狮子。他小心翼翼地给狮子包扎了伤口并照料它直到伤口愈合，才送它回到森林。今天在斗兽场里遇见的正是这只狮子！

听完了罗支莱斯的讲述，罗马皇帝也大为感动，立即赦免了罗支莱斯。

人要保持一颗爱心，热爱他人，热爱自然，热爱动物，热爱人类。当把爱洒向万物时，也就等于把爱给予了自己。人们都会因此而活得更好，因为，这世间的角角落落都会有善良的人、善良的心。

还有一则发生在巴西丛林里的故事。

有一位猎人在射杀一只豹子，最终豹子没能逃脱猎人的猎枪，中弹受伤。豹子艰难地试图站起，却怎么也无法站立，它的腹部因中弹，肠子流出了体外。然而，豹子却拖着流出肠子的身躯，艰难地爬行了半个小时。猎人看到：豹子来到两只幼豹的面前，给她的孩子们喂了最后一口奶后倒了下来。看到这一幕，猎人流着眼泪折断了猎枪。

如果说前几个故事讲的是善良的圣洁，那么这个故事中猎人的良心发现也不失为一种"善莫大焉"。因为从此他再也不打猎了！

播种善良，才能获得希望。人的一生，可以没有让人羡慕的容颜，也可以忍受"缺盐少米"的日子，但是如果离开了善良，却足以让再富贵的人生褪色。因为，只有善良才是人生的黄金。让我们多一些善良，多一些谦让，多一些宽容，多一些理解，让周围的人在生活中感受到美好和幸福。

◆蒲公英的种子，借着微风的力，飘向田间的角角落落，落地就生根，生根就发芽，然后开出一片灿烂金黄的花。那一颗颗善良的心，也会像这朴素的种子，借一股东风，让最真最美的花，开遍世间的每一个角落。

播下爱的种子，自会结出希望之果

人生在世，支持人活下去的原因并不是因为他会独立思考，而是因为他发现了每个人心中都有爱的存在。世人或许认为自己是在为每日的工作活着，事实上大家是为了爱而活着。假如人的心中没有爱，也就没有一个婴儿能够长大，人类也就无法继续延续下去了。

爱让人生升华，每个人都因爱而活着。而对自己的狭隘的爱是心灵“死”的开始；对神与人类的爱却是心灵“生”的开始。真正了解别人的痛苦，尽心为别人做好事的人，会得到别人的爱，也会感到人生的意义。找到了生命的意义，每个人都能做些了不起的事。

有个17岁的少年叫乔治。有一天，他觉得人生没有意义，找不到活下去的理由，就投海自杀了。幸运的是，他很快便被警察发现并救起。

他是个美国黑人与日本人的混血儿，表情叛逆，骨子里满是愤世嫉俗。有一位老太太得知这茬事后，就来到警察局要求和青年见面。警察一听老人说明了来意，便同意她和少年谈谈。

老人慈祥地望着孩子，开口道：“孩子，”乔治一见到老人便将头扭了过去，像块石头一样静止不动，对老人全然不理。老人对少年的举动似乎无动于衷，她用安详而柔和的语调继续说下去，“孩子，你可知道，你生来是要为这个世界做些除了你以外没人能办到的事吗？”

她反复说了好几遍，少年突然回过头来，说道：“你说的是像我这样一个黑人？连父母都没有的孩子？”老太太不慌不忙地回答：“对！正因为你肤色是黑的，正因为你没有父母，所以，你能做些了不起的事情。”少年冷笑道：“哼，当然啦！你想我会相信这一套？”

“跟我来，我让你自己瞧。”她说。说完，老太太把他带回小茶室，叫他在茶园里打杂。虽然生活很清苦，但她对少年却爱护备至。

生活在小茶室中，乔治慢慢地也变得心平气和了。老太太给了他一些生长迅速的萝卜种，10天后萝卜发芽生叶，乔治得意地吹着口哨。他又用竹子自制了一支横笛，吹奏自娱，老太太听了称赞道：“除了你，没有人为我吹过笛子，乔治，真好听！”

少年似乎渐渐有了生气，老太太便把他送到高中念书。在求学那四年，他继续在茶室园内种菜，也帮老太太做点零活。高中毕业后，乔治白天在地下铁道工地做工，晚上在大学夜间部深造。毕业后，他在盲人学校任教，他对那些失明的学生关怀备至。

“现在，我已相信，真有别人不能做而只有我才能做的事情了。”乔治对老太太说。

“你瞧，对吧？”老太太说，“你如果不是黑皮肤，如果不是孤儿，也许就不能领悟盲童的苦处。只有真正了解别人痛苦的人，才能尽心为别人做美好的事。你17岁时，最需要的就是有人爱惜你，没有人爱惜，所以那时想死，是吧？你大声呐喊，说你要的根本不可能得到，根本就不存在——可是后来，你自己却有了爱心。”

乔治心悦诚服地点点头。老太太意犹未尽，继续侃侃而言："尽量爱护自己的快乐。等到你从他们脸上看到感激的光辉，那时候，甚至像我们这样行将就木的人，也会感到活下去的意义。"

乔治接受了老人无私的爱，也体会到爱的深刻内涵。老人将爱种播撒给他，让他结出希望之果。他出身卑微却更能体味人间疾苦，他因得到爱而付出爱，因而才收获了爱的果实，尝到了爱的甘甜。

爱会改变一切。爱把温暖和幸福带给亲人、朋友、家庭、社会、人类。爱是永恒的主题、持久的构思、多彩的内容。我们不能因看到罪恶就否定这个世界充满爱，就像不能看到礁石就厌恶海洋、看到死亡就否定生命一样。富有爱心的人，不但自己的生活充实快乐，而且还能感染别人。

◆如果我们富有爱心，虽然并不富有，没有很高的地位，没有显赫的声名，没有令人艳羡的财产，但是在精神上，我们却是天使。

你需足够强大，才能给人最好的关爱

人生就像马拉松，获胜的关键不在于瞬间的爆发，而在于途中的坚持。你纵有千百个理由放弃，也要给自己找一个坚持下去的理由。因为你爱这个世界，在这个世界有你爱的人和爱你的人。

正因为你爱他们，你才需要不断地努力。很多时候，成功就是多坚持一分钟，这一分钟不放弃，下一分钟就会有希望。只是我们不知道，这一分钟会在什么时候出现。再苦再累，只要坚持走下去，属于你的风景终会出现。只要自己足够强大了，才能给你爱的人足够的关怀。

某大城市的医院里，前来挂号看病的人很多。一个儿子搀扶着母亲坐在走廊。他眼含泪水，愧疚地说：妈，都是我不好！我要是有足够的钱，每年给您检查身体，您的身体也不会像今天这样。如果我有足够的地位或人脉关系，您也不会在这里忍着病痛排号看病。如果……

事实上，我们能理解作为儿子为自己不能给母亲提供更好的治疗条件而愧疚的心理，但我们是否该问问自己：我能给爱我的人提供什么样的关怀？以我目前的能力，能给他们最好的关怀吗？如果有一天，我的亲人、爱人面临疾病、痛苦，我能为他们做些什么？当这一系列问号出现的时候，我们不得不承认，我们付出的远远不够，我们付出的关怀也远远不够，我们的能力也远远不够。所以，我们每个人都必须努力，努力让自己变得更好，才能给爱的人更好的关怀。只有强大，才能无敌。

威廉是达尔文的长子，诚实勤奋，在一家银行做普通职员。这天，威廉十分沮丧地找到达尔文："父亲，我真的受不了！公司里的那些家伙总是在背后诋毁我。就连汤姆这个我最信任的朋友，当面和我笑嘻嘻的，背地里居然也用最恶毒的语言中伤我……"

威廉无助地看着父亲："我到底哪里做错了？这些人到底想干什么？我该怎么办？"达尔文温和地笑了，他拍拍威廉的肩："孩子，没什么大不了的。"等威廉气愤的心情稍微平息了一下，达尔文宽厚地说："孩子，这两天我研究生物时，发现了一个奇怪的现象，我说给你听听，好吗？"

威廉明显地露出失望的表情：看来父亲只沉醉于自己的研究，对他并不关心。

达尔文并不理会威廉的表情，自顾自地说："你知道一只寄生在椿树身上的大青虫，有多少天敌吗？""应该有很多吧。"威廉心不在焉地回答。

"是的，孩子，你真聪明！它的天敌可多了！至少有400多种鸟类、200多种昆虫都是它的天敌。它们每天都小心翼翼地躲避各种各样的伤害，因为任何一个天敌都会轻易要了它们的命。"达尔文顿了顿又说，"可是，你知道一只兔子有多少天敌吗？"

"不知道。""兔子有37种天敌，主要包括鹰、猎狗、狼等食肉动物。"达尔文又问，"你知道豹子有多少天敌吗？"

威廉抬起头来盯着父亲说："父亲，我对你的研究真的不感兴趣……"

达尔文接着说："豹子几乎没有天敌，就算是狮子老虎这样的大型食肉动物轻易也不会去招惹豹子。至于老虎，就更加没有天敌了，他们的生活是最惬意的，谁会愚蠢到去招惹一只老虎呢？"

"孩子，我知道你对我的研究不感兴趣。但我只想借此告诉你，越是弱小的生物，他们的天敌就越多，受到的伤害也就越多。你在公司里受到了种种打击，不是因为你什么地方做得不对，而是因为你的弱小。你现在就像椿树上的那只青虫，你有700多种天敌，它们中的任何一个，都可以轻易伤害到你。有些伤害是躲不过的，摆脱它的唯一方法，就是让自己强大起来，做一只丛林里的豹子。"

听着听着，威廉忽然心中一动，眼前亮堂起来。

从此以后，威廉更加勤奋地工作。16年后，他成了总裁，成了远近闻名的银行家。职场中的倾轧与中伤终于远远地离他而去。他成了"丛林"社会中一只名副其实的豹子，可以很好地保护自己和家人，谁还能轻易去招惹他呢？

所以，要想不让爱你的人和你爱的人失望，请努力让自己变得更好、更强大。如果你连爱自己的能力都没有，又谈什么爱别人呢？如果你没有足够的能力，即便你有爱人之心，本身也无爱人之力啊。常言道"打铁还需自身硬"，就是这个道理。

◆不要放弃今天的善良与天真，总有一天你会为此而幸福。也不要执着于今天的伤痛，总有一天你会为此而成长。

有时候，拒绝也是一种帮扶

人生在世，面对世间种种，我们不是接纳就是拒绝。多数时候我们在接纳别人的同时也在接受别人的接纳，在拒绝别人的时候也被别人拒绝着。事实上，有时拒绝也是一种获得；拒绝别人，可能就是给别人的最有力的帮扶。

有一个不到20岁的文学爱好者，出于对文字的痴迷，写了很多自认为不错的作品。有一天，他带着自己日积月累写成的文章，不惜路途遥远去拜访一位作家，希望自己的作品能够得到名师的指点。

他对作家说，为了前来讨教，他攒了很长时间才攒够了路费，为了节省开销，路上他滴水未进。当然，跟老师说话的同时他也感到了自己的窘态，羞怯地低下了头。

作家听完年轻人的叙述，很为小伙子虔诚于文学的精神所感动，于是伸手递过一条毛巾给他。年轻人一边擦汗一边羡慕着说："您的工作条件可真好，办公室多么宽敞漂亮啊！我要是能有您这样一份工作就好了。" 作家说："好好地写你的文章，将来你也会有这样的办公室的。"

中午，作家带他去食堂吃了午饭，也看了他写的那些文章，觉得文章欠缺内涵，华丽却显空洞，但他对年轻人说："你的文章我认真地看了，总体感觉很好，文字基础还是不错的。希望你能坚持下去，将来定会有不小的收获。”

听了作家褒奖和鼓励的话语，年轻人显然增添了很多自信，说：“谢谢老师！我一定会加倍努力，争取写出个名堂来。”接着，作家给年轻人留了电话号码，告诉他有什么事情都可以随时来电。年轻人接过作家的名片，显得有些激动，手有些发抖。

天色将晚，作家示意年轻人该走了。年轻人见名师不停地看表，便说：“没事儿，回去的车有好几趟呢，就是天黑了也有车。然后，年轻人有些难为情地说:“我能不能再到您的食堂里吃顿晚饭？那样，在回去的路上我就可以不吃东西了。”

“当然可以。”作家爽快地答应了，随后便领着年轻人去食堂吃晚饭。然后，作家又体贴地替年轻人打了满满的一盒饭，让他带着，以便在路上饿了吃。年轻人似乎还在犹豫着是否离开，在作家的办公室里，年轻人看到地上堆了很多纸，便向作家索要纸张，说：“老师，见您这里这么多纸，反正也是公家的，能不能给我一些，我拿回去多练笔。”作家微笑点头，找了一个袋子，将洁白的纸装进袋子，始终没有言语。

年轻人临走的时候，掏出他的那些零钱，即他回家的路费，不厌其烦地说最近手头拮据，什么礼物都没给老师带，让老师不要怪罪。故事说到这里，谁都会明白年轻人的意图，他是是在暗示作家再替他买一张回程的车票。

作家仍然微笑，但钱在口袋里，没有掏出来。

作家觉得有必要跟年轻人讲个故事了：“我也有过贫困潦倒的时候。曾经我也是在车站，口袋里的钱不够买一张车票。我就开始想办法。当然，我没有向别人讨要，而是找了一家杂货店买了一管鞋油和一个鞋刷，在车站帮别人擦鞋。我每擦1双鞋会赚1元钱，我记得当时一共擦了5双鞋，赚了5元钱，可还是不够买全程的车票。于是我就买了一张短途的票，然后在车厢里继续给别人擦鞋，一站又一站。就这样，我擦了一路的鞋，也买了一路的票，终于到了家。”

年轻人听了作家的故事，羞愧地低下了头。这一次，是他灵魂里的羞愧。

年轻人告别作家后，一直专注于写作。作家常常在信中鼓励他坚持下去。后来，年轻人终于小有名气，被当地文联破格录用，他终于有了和作家一样宽敞漂亮的办公室。

有时候，拒绝也是一种帮助。因为无偿地帮助有时会折断别人的翅膀。假如当时作家给年轻人买了回程的车票，年轻人以后的生活或许就不是他想象的样子。因为，当一个人习惯了索取，习惯了不劳而获，对别人的帮助有了依赖，那么即使他心中有再大的目标也只是昙花一现。

我们是应该尽自己所能给他人提供帮助，但这种帮助不是没有节制。一句鼓励的话语、一个关怀的举动，有时远胜过物质的给予。毕竟，过分地关怀和帮助反而是一种纵容。

此外，如果你面对不想做的事却不懂拒绝，就会无形中给自己以压力，甚至会压得自己喘不过气来。一个人是不可能做到人人都满意的，因此我们要寻求拒绝和接受之间的平衡。有时我们自以为在成全他人，其实无意中却造成一种破坏。

◆有时，你更需要懂得拒绝，拒绝那些不合情理的要求，拒绝去做违背自己内心的事。因为，拒绝，也是一种帮扶。那句“NO”一定要说出口，即使再艰难。

自信的人除了自爱，更懂得关爱

也许你没有意识到这一点，这是非常重要的一点：你的言行举止会随时随地影响到他人，可能因你一个小小的举动、善举或恶举，都会对周围造成一定的影响。

所以，有时我们不经意间的一句话或一个举动都可能影响到身边的人，而身边的人再影响别的人，依此类推。古人讲“谨言慎行”，说的就是要随时注意自己的言行，因为这会给你和别人带来意想不到的影响。

事实证明，自信的人更拥有勇气，自信的人更容易影响他人，也更懂得关爱。一个人的成就决不会超出他自信所能达到的高度。

据说拿破仑亲率军队作战时，同是一支军队，战斗力便会增强一倍。原来，军队的战斗力在很大程度上基于兵士们对统帅的敬仰和信心。如果拿破仑在率领军队越过阿尔卑斯山的时候，只是坐着说：“这件事太困难了。”毫无疑问，拿破仑的军队永远不会越过那座高山。拿破仑的自信和坚强，使他统帅的每个士兵增加了战斗力。所以，无论做什么事，坚定不移的自信力，都是达到成功所必需的和最重要的因素。

有一次，一个士兵快马加鞭给拿破仑送信，由于马跑得太快，在到达目的地之前猛跌了一跤，那马就此一命呜呼。拿破仑接到了信后，立刻写封回信，交给那个士兵，吩咐士兵骑自己的马，速把回信送去。

那个士兵看到那匹强壮的骏马，身上装饰无比华丽，便对拿破仑说："华美强壮的骏马不配给我这样下等的士兵享用。"拿破仑回答道："世上没有一样东西，是法兰西士兵所不配享有的。"

生活中到处都有像这个法国士兵一样的人。他们通常缺乏应有的自信，以为自己的地位太低微，别人所拥有的种种幸福自己不会拥有，也不配享有。而正是处于这种心理，他们往往不求上进、自甘平庸，渐渐地也就真的不配享有他们永远不会拥有的东西。久而久之，他们的行为就会影响到周围的人，对别人的心理造成一定的负面影响，又何来关怀可言？

在一个病房里住着一个生命垂危的病人。每天都看着窗外的一棵树，那棵树的叶子在秋风中一片片地落了下来。病人看到不断往下落的叶子，身体也跟着每况愈下，一天不如一天。最后她对自己说，当那棵树上所有的叶子都掉光的时候，也就是她该去见上帝的时候了。

结果，她的这句话被画家听到了。为了增强病人的自信心，画家画了一片十分青翠的树叶，在深夜爬上了那棵树，让它"挂"在枝头。秋天很快就过去了，冬天来了。很快，冬去春来，那片叶子始终没有掉下来。也正是因为这片叶子，正因为那个病人看到树叶没有落下，才有了自信心，他竟然奇迹般地活了下来。这就是美国著名短篇小说作家欧·亨利的小说《最后一片叶子》。

画家之所以这样做，是想给病人以发自内心的关怀。当病人看到叶子始终挂在树上，无形中竖立起生存的信心。可见，关怀更是来自于别人和自己心底的自信。

那么，对于不自信的人我们应该如何关怀呢？实践证明，对于自尊心和自信心较差的人，理解和关怀可能更管用，安慰时最好不要使用激励性的话语。

现实中有些人不能正确评价自己，认为自己受挫、失败是自身没有能力。这类人就属于自尊心和自信心较差的人。美国《人格与社会心理学杂志》上发表了一项研究，研究表明安慰自信心差的人，关怀要远胜过精神激励。

研究者之一、加拿大滑铁卢大学的丹尼斯·马利戈尔德教授说：“低自尊的人很有‘自知之明’，他们希望，别人对他的评价跟他的自我评价相一致，所以对他人提出的积极鼓励和建议置若罔闻。”他们通常更希望别人对自己的负面感受表示理解和认同，“对于低自尊的人，与其告诉他们‘守得云开见月明’，还不如告诉他们‘守着这朵云也不错’。”马利戈尔德形象地说。

因此，如果你的朋友平时自信心较差，对自己的评价不高，那当他遭遇困境时，不妨首先表达出理解和关怀，并告知他是值得被爱的。

◆只有在任何时候都保留一份自信在心底，才能给别人以最好的关怀，才能在生活、事业上获得意想不到的成功。

加把劲儿，一起把善良的雪球滚大

也许是举手之劳，它却能使得受助者渡过人生低谷，重拾生活的信心；一个轻蔑的眼神，却会造成一种伤害或心理负担。送人玫瑰，手有余香。每一个人都应该在内心的最高层次上树立一种平等观，一种关爱观，一种真诚观。

她是印度一名普通的女性，她的名字叫罗希尼·尼莱卡尼。她曾经和大多数女性一样，经历着工作、结婚、生子的人生，过那种平静简单、与世无争的生活。然而，令她做梦也想不到的是，有朝一日她会成为一名令人羡慕的女富豪。

有一年，她的丈夫和6个朋友一起创立了一家IT公司。由于事业刚刚起步，面临资金缺乏的困境，她便拿出自己所有的积蓄以支持丈夫。她的积蓄并不多，总共只有1万卢比，可是几年以后，这家公司却发展成印度的第二大IT企业。她因出资不多，只有1.41%的股份，但公司的利润可观，她的分红非常多。

头一次拥有这么多金钱，她显得手足无措忐忑不安。她想用这笔巨款做点什么，于是先后考察了许多投资项目，结果都不尽满意。有一天，她跟随朋友到一个偏远的山村去考察。在黄沙漫天的土路上，几个衣衫褴褛的孩子正聚精会神地趴在地上，头紧紧地挨在一起，念念有词。她感到非常好奇，就从车里下来，向那群孩子走去。原来，孩子们正围在一起看一本书。那本书破烂不堪，缺页很多，一看就是从垃圾堆里淘出来的。可是孩子们却小心翼翼地将它捧在手中，就像捧着一件宝物。那一刻令她感到心酸，她的眼泪差点掉下来。

后来，她对全国儿童的读书状况进行了调查、统计。通过调查她发现印度约有3亿儿童，大多数孩子读过的书只是课本。课外读物对孩子们来说，是想都不敢想。她接受过高等教育、当过记者，她心里非常明白：有时候一本书就能改变一个人的命运。她不想孩子们的人生没有书籍相伴。同样身为母亲，她希望每一个孩子的人生都五彩缤纷。

于是，她毅然拿出巨款，创办了出版社——普拉塔姆图书出版社。为了方便更多的孩子有书看也看得起书，出版社创造性地推出了价格低廉、便于存放和分享的卡片故事书，孩子们也可以互相交换着读。随后，他们又推出了制作小巧、价格便宜、可以随身携带的口袋书。

这些书一上市就受到广大读者的欢迎。为了让图书流通渠道更通畅，出版社积极寻求与政府和私人机构合作。出版社只一心一意出版更多、更好、更便宜的书，一直是零利润，日常的开销全靠人们的捐助。

社会上很多人都被她的善举所感动，纷纷伸出友谊之手，把低廉的图书无偿送到更多的渴望知识的孩子手中。在她不懈的努力下，政府答应向7万多所公立学校提供预算支持；学校也都争相购买普拉塔姆图书；日用品的行业巨头也让销售员在上门兜售香皂的同时，把普拉塔姆图书带上。

这一系列的举措让普拉塔姆出版社声名鹊起，有越来越多的爱心人士参与进来。出版社获得了源源不断的捐助，许多知名儿童作家也主动要求与出版社合作。有了优秀作家们的加盟，普拉塔姆图书的影响力进一步扩大，知名度不断提高。

普拉塔姆出版社成立以来，出版数量超过1000万册，出版语言包括英语、印地语、马拉地语、泰卢固语等十余种语言，使几千万印度儿童受益。很快，她的善举得到了全世界的肯定，2010年，美国《福布斯》杂志将罗希尼・尼莱卡尼列入全球48位慈善英雄榜。

让我们从头再看，她当初创办出版社，完全是出于内心的善意，也没有想到会得到如此丰厚的回报。她的善良无时无刻不在感染身边的每一个人，一个又一个的人向孩子们伸出善意之手。于是，这份慈善事业就像雪球一样，越滚越大，不仅惠及了越来越多的孩子，也让更多的人发出爱的光芒。是善良让她站在了人生的顶峰，成就了人生的辉煌。

我们的心灵是一个待开发的处女地，我们要用爱的哲学开发她，用仁者爱人的理念灌溉她，用友好互助的春风吹拂她，直到人性的花朵处处开遍。

◆关爱的方式很多——病榻前的几句问候，邂逅时的一个招呼，就餐时的一个邀请，冒犯时的一句真心致歉，冲突时的一个主动谦让，忧愁时的安慰，挫折时的鼓励。只要我们愿意，就可以把关爱的行为体现在每一个细节上。

第六章

珍爱自己，人生会幸福无比

如果你连自己都不爱，怎么指望你爱别人？世间百态，总会有人说你好，也会有人说你不好，但只要做人做事问心无愧，就不必执着于他人的评判。

无须看别人的眼神，不必一味地讨好别人，那样会使自己活得更累。当有人对你施不敬的言语，请不要在意，更不要因此而烦恼。因为这些言语改变不了事实，却可能搅乱你的心。心如果乱了，一切就都乱了。无论何时请记得：爱自己，是终身幸福的开始。

找准你的位置，成为最优秀的自己

爱自己，是终身幸福的开始。就像一场旅途，重要的不是目的地，而是沿途的风景以及看风景的心情。

在这个世界上，没有一个标准可以说明你活得很好，请记住：找到了适合自己的生活方式，你就能成为最优秀的自己。

英国著名诗人济慈本来是学医的，后来他发现自己有写诗的才能，就当机立断，放弃了医学，把自己的整个生命投入诗歌中。虽然他只活了二十几岁，但他为人类留下了许多不朽的诗篇。马克思年轻时曾想做个诗人，也曾经努力写过一些诗（后来他自称是胡闹的东西），但他很快就发现自己的长处和兴趣并不在这里，便毅然放弃做个诗人的梦想，转到社会科研上面去了。如果他们两个人都不认识自己，没有找准自己的位置，那么英国至多不过增加了一个庸医，而在国际共产主义运动史上也肯定要失去一颗耀眼的明星。

伽利略是被迫去学医的。当他被迫学习解剖学和生理学的时候，却偷偷地研究复杂的数学问题，当他从比萨教堂的钟摆发现钟摆原理的时候才18岁。

罗大佑的《童年》《恋曲1990》等经典歌曲影响和感动了一代人。罗大佑起初是学医的，后来他发觉自己对音乐情有独钟，所以他弃医从乐，他的选择是对的。

俄罗斯著名男低音歌唱家奥多尔·夏宾19岁的时候，来到喀山市的剧院经理处，他准备加入合唱队。但他正处在变音阶段，结果没被录取。过了7年，他已成了著名歌唱家。一次他认识了高尔基，向他谈了自己青年时代的遭遇。高尔基听了，出乎意料地笑了，原来就在那个时候，他也想成为该剧团的一名合唱演员并被选中了，不过很快他就明白，他根本没有唱歌的天赋，于是果断退出了合唱队。

在美国新罕布什尔州东部有一个镇，离斯特拉福德镇。离小镇不远有一座贵族宅邸，主人是托马斯·路希爵士。有一天，刚二十出头的莎士比亚伙同镇上几名好事之徒，溜进了爵士的花园，开枪打死了一头鹿。结果莎士比亚被当场抓住，在管家的房间里被囚禁了一夜。莎士比亚在这一昼夜间受尽污辱，释放后便写了一首尖刻的讽刺诗，贴在花园的门上。这下子惹得爵士火冒三丈，扬言要诉诸法律严惩那个写歪诗的偷鹿贼。于是莎士比亚在家乡呆不下去了，只好走上去伦敦的路途。

正如作家华盛顿·欧文所说：“从此斯特拉福德镇失去了一个手艺不高的梳羊毛的人，而全世界却获得了一位不朽的诗人。”

所谓“不在一颗树上吊死”即不必认死理，只要能找到最适合自己的生存方式，就能活出自己的风采！

一个没有文凭的年轻人，来到大城市找工作，结果总是遭人拒绝。年轻人有些心灰意冷。于是，他提笔给大银行家罗斯写了一封信，希望得到他的帮助，或许还有一线希望。

几天过去了，正当年轻人有些绝望，准备回家的时候，罗斯的回信到了。

“海洋里生活着很多鱼，它们都有鱼鳔，唯独鲨鱼没有。按理说，没有鱼鳔，鲨鱼是不可能活下去的。为了生存，鲨鱼只能在海里不停地运动，结果，鲨鱼不仅活得很好，而且在多年后还成了同类中最凶猛的鱼。”

信的最后，罗斯写道：“这个城市就是一个海洋，而你现在就是一条没有鱼鳔的鱼……”

年轻人看完信，陷入了沉思。最后，他决意要留在城市，就从最底层干起。什么都没有未尝不是件好事。

十年后，当初的年轻人拥有了令所有美国人都羡慕的财富，并且娶了银行家罗斯的女儿。他就是石油大王哈特。

对大多数人来说，最根本的是信心。首先要坚信自己确实是在做最正确的事情，其次要相信自己正在正确地做事。为什么这个世界上成功的人能够不断成功，失败的人却接连失败？原因就在于成功的经验让他们有了无人可比的信心。而最可悲的事情就是很多人本身无成功经验可言，却又不能给自己灌输一种信心，他们又怎么能成功呢？

自信对人是至关重要的，它决定一个人的成败，也决定了一个人的人生。只有自信的人才能成就最完美的自己。当然，人也不能盲目地自信，要对自己有正确的估量，不能眼高手低，更不能好高骛远。要脚踏实地，一步一个脚印地走好每一步路。如此，才能成为优秀的、大写的人。

◆找准你的位置，站在恰如其分的角度，好好地爱自己，让自己变得足够优秀。你的爱才会变得更有价值。

你要相信，你永远都是独一无二的

世界上没有两片完全相同的树叶，人也是这样，每个人都是上帝的宠儿，都是独一无二的，所以我们应该相信自己。

我们每个人在世界上都是不可替代的。从生理学上说，每个人都具有与众不同的特征，包含DNA、指纹等。从社会学上讲，每个人的社会关系也是与众不同的。所以这个社会离不开每个人。我们应该自信，只有自信才能自强，只有自强才能演好自己的角色，不管是主角还是配角。

自信的人，不会自卑，不会贬低自己，也不会把自己交给别人去评判。自信的人，不会逃避现实，不做生活的弱者，他们会主动出击，迎接挑战，演绎精彩的人生。

自信是一种心理状态，可以通过自我暗示培养起来。如果通过反复不断地确认，觉得相信自己会得到自己想要的东西，然后传递到潜意识里去，它就会带来这样的成功，因为它的主要任务就是让我们实现自己想得到的人生目标。积极的自我暗示，意味着自我激发，它是一种内在的火种，一种流动的自我肯定；它可以使我们的心灵欢唱，建立自信，走向成功。

自我暗示的方法很多，每个人遇到的压力不同，自我暗示的方法也会不同。具有东方艾柯卡之称的秒目志郎曾提出达到自我暗示的六个条件，分别是：

经常学习伟人的事迹。把自己推崇的伟人的资料“输入”自己的大脑，经常用他们奋斗的精神来激励自己。

相信语言的力量。经常用一些诸如“我能行”“我一定能渡过难关”之类的话语来激励自己，增加自信。

了解重复的重要性。连续不断的重复，不但内心深处能相信可能性，也会让自己排除压力，充满自信。

保持强烈的欲望。若有很强的欲望，则会为目标而付诸行动，纵使有障碍物，也绝不改变目标。不改变目标，则会改进超越障碍的方法。

决定终点线。量化目标，让自己经常品尝成功的喜悦，能有效地增强自信。

预想困难。事先把困难考虑到，当障碍物真的横亘面前时，便不会气馁、灰心，即使受到挫折，因为事先有心理准备，也不会轻易放弃。

有一个茶道专家很喜欢装扮成武士。没想到，在街上他却碰到了一个真正的武士。专家看到那武士走来，心虚得连忙低下头，快速地从武士身旁走过。

武士看到专家惊慌的样子，心想他一定是冒牌武士，于是就对专家说：“别走，我要和你决斗。”

专家心想，如果跟真正的武士比武，那自己一定会死在武士的刀下，但是自己是一个有名的茶道专家，决不能死得太难看。于是，便对武士说：“我有一件很重要的事要去办，等办完了这件事，我再来跟你决斗。”

武士答应了他的要求。这位茶道专家找了一位剑道师父说：“我是一个茶道专家，根本不会剑术，所以我一定会被杀死的，但是我希望至少能死得像个一流的茶道专家。”

剑道师父听完专家的话，对他说：“我可以教你，可是，你要先泡一壶茶给我喝。”专家想到，这可能是他这辈子最后一次泡茶了，于是用了他毕生所学，泡了一壶茶给剑道师父喝。师父喝了之后非常地感动，直说这是他这一生喝过的最好的茶。

这时，剑道师父告诉专家说：“你去决斗的时候，保持你泡茶的样子就可以了，因为这是你最优美的姿势。”专家听了剑道师父的建议之后，面对武士时便不再心虚了，并且将本身的尊严全部发挥出来。

武士看到茶道专家的气势时大受震慑，于是便要求中止两人的决斗。

故事中的茶道专家因为对自己的专业产生了信心，所以才能不战而屈人之兵，以他的自信慑退了对手。

为了克服消极、否定的态度，我们应该试着采取积极、肯定的态度。如果自认为不行，身边的事也抛下不管，情况就会渐渐变得如自己所想的一样。缺乏自信时，我们更应该给自己打足气。

我们每个人都有自己所专长的东西，只要拥有自己在专长上的信心，去工作、去学习、去处理各种事务，效果一定会有很大的不同。

◆自信的人，不会跟自己过不去，只会鼓励自己。他们会既承担责任又缓解压力，他们会在生活的道路上游刃有余，笑看输赢得失。

最大的挑战不是别人，而是自己

人的一生，总是在与自然环境、社会环境、家庭环境做着适应及克服的努力，因此有人形容人生如战场，勇者胜而懦者败；从生到死的生命过程中，所遭遇的许多人、事、物，都是战斗的对象。其实，自己的心念，往往不受自己的指挥，那才是最顽强的敌人。

莎士比亚曾说："假使我们自己将自己比作泥土，那就真要成为别人践踏的东西了。"

其实，别人认为你是哪一种人并不重要，重要的是你是否肯定自己；别人如何打败你，并不是重点，重点是你是否在别人打败你之前，就先输给了自己。很多人失败，通常是输给自己，而不是输给别人。因为自己如果不做自己的敌人，世界上就没有敌人。

这是一个真实的故事：

美国从事个性分析的专家罗伯特·菲力浦有一次在办公室接待了一个因企业倒闭而负债累累的流浪者。

罗伯特从头到脚打量眼前的人：茫然的眼神、沮丧的心态、十来天未刮的胡须以及紧张的神态。专家罗伯特想了想，说："虽然我没有办法帮助你，但如果你愿意的话，我可以介绍你去见本大楼的一个人，他可以帮助你赚回你所损失的钱，并且协助你东山再起。"

罗伯特刚说完，他立刻跳了起来，抓住罗伯特的手，说道："看在老天爷的份上，请带我去见这个人。"

罗伯特带他站在一块看来像是挂在门口的窗帘布之前，然后把窗帘布拉开，露出一面高大的镜子，他可以从镜子里看到他的全身。罗伯特指着镜子说："就是这个人。在这世界上，只有这个人能够使你东山再起，你觉得你失败了，是因为输给了外部环境或者别人了吗？不，你只是输给了自己。"

流浪者朝着镜子走了几步，用手摸摸他长满胡须的脸孔，对着镜子里的人从头到脚打量了几分钟，然后后退几步，低下头，哭泣起来。

几天后，罗伯特在街上碰到了这个人，他不再是一个流浪汉形象，而是西装革履，步伐轻快有力，头抬得高高的，原来那种衰老、不安、紧张的姿态已经消失不见。

后来，那个人真的东山再起，成为芝加哥的富翁。

就像故事中的主人公一样，人生在世，要战胜自己很不简单，一般人得意时得意忘形，失意时自暴自弃；人家看得起时觉得自己很成功，落魄时觉得没有人比他更倒霉。唯有不受成败得失的左右、不受生死存亡等有形无形的情况所影响，纵然身不自在，却能心得自在，才算战胜自己。

当然，我们不得不承认，人性都是有弱点的。人们想的最多的是战胜别人，超越别人，凡事都要比别人强。心理学家告诫我们：战胜别人首先要战胜自己。

我们常常看到有的人想努力学习努力工作，却战胜不了自己的散漫和懒惰；想谦虚待人，却战胜不了自己的自负与骄傲；想和别人协调处事，却战胜不了自己的自私与偏见……

关键的是我们要懂得：战胜了懒惰，才会有勤奋；战胜了骄傲，才会有谦逊；战胜了固执，才会有协调；战胜了偏见，才会有客观；战胜了狭隘，才会有宽容；战胜了自私，才会有大度。

如果说懒惰、骄傲、固执、偏见、狭隘、自私是人性的弱点，那么勤奋、谦逊、协调、客观、宽容、大度就是人性的优点。

美国著名心理学教授丹尼斯·维特莱把这些人性的优点称之为良好的精神准备。他指出：有无良好的精神准备，或是打开成功之门的钥匙，或是封闭成功之门的铁锁。因此，战胜别人首先要战胜自己，因为最强大的敌人不是别人而是自己。

人生最强大的敌人就是自己，最大的挑战就是挑战自我。

自己肯定自己，是一种意志的胜利；

自己征服自己，是一种灵魂深处的提升；

自己控制自己，是一种理智的成功；

自己创造自己，是一种心理境界的升华；

自己超越自己，是一种人生的成熟。

◆凡是能够肯定自己、征服自己、控制自己、创造自己、超越自己的人，就具备了足够的力量战胜事业和生活中的一切艰难、一切挫折、一切不幸。

爱自己吗？那就先超越自己

我们的进步既包括今天对昨天的扬弃，也包括明天对今天的否定。成绩只能说明过去流过的汗水，只能用它来点燃明天的辉煌。

运动员不甘否定往日的金牌，今天就可能连铜牌都拿不到。强项变弱项，老马失前蹄，是因为被往日的战绩所掣肘，思想上的包袱压扁了勇气和信心。蝉蛹像小牛一样钻破土地的硬壳，勇敢地爬上树干，坚决撕破自己的身体，让自己在背后钻出一只飞蝉，嘹亮地鸣唱；蝴蝶从笨拙的蛹虫的身体中剥离，展开灿烂的翅膀，在芬芳的鲜花间自由翱翔。它们在否定自己、战胜自己后走向了一个更高的层次。

超越自己就是创造一个崭新的自己，而不是走向倒退。蝌蚪恨自己不能像鸟儿一样在陆地上蹦跳唱歌，就努力长出四肢，忍痛割掉自己的尾巴，变成了一只青蛙。这是进步。然而，蛹虫羡慕蝴蝶的飞舞与美丽，脱掉外衣，走出躯壳，却变成了一只祸害庄稼的飞蛾。还有，传说海狮的祖先曾是狮子中的一种，它生长于大山之中，却梦想海洋的生活，终于演变成海洋大家庭的一员，可它往日的威风和凶猛却荡然无存，只留下了几根猫一样的长胡须。这不是生物的进化，而是生物的倒退，这种否定方式是不可取的。

在追求成功的道路上，我们发现一部分人失败了，而另一部分人却成功了，这究竟是什么原因呢？这其中的主要原因是：前者是被自己打败，而后者却能打败自己。

美国有位叫凯丝·戴莱的女士，她有一副好嗓子，一心想当歌星，遗憾的是嘴巴太大，还有暴牙。她初次上台演唱时，努力用上嘴唇掩盖暴牙，自以为那是很有魅力的表情，殊不知却给别人留下滑稽可笑的感觉。有位男听众很直率地告诉她："暴齿不必掩藏，你应该尽情地张开嘴巴，观众看到你真实大方的表情，相信一定会喜欢你的。也许你所介意的暴牙，会为你带来好运呢！"

一个歌唱演员在大庭广众之下暴露自己的缺陷，首先是要用理智说服自己，还要有勇气打败自己。凯丝·戴莱接受了这位男听众的忠告，不再为暴齿而烦恼，她尽情地张开嘴巴，发挥自己潜能特长，终于成为美国影视界的大明星。

一个人要想超越自己，靠的不是投机取巧，不是耍小聪明，而是信心。

世界著名的游泳健将弗洛伦丝·查德威克一次从卡得林那岛游向加利福尼亚海湾，在海水中泡了16小时，只剩下一海里时，她看见前面大雾茫茫，潜意识发出了"何时才能游到彼岸"的信号，顿时浑身困乏，失去了信心。于是她被拉上小艇休息，失去了一次创造纪录的机会。

事后，弗洛伦丝·查德威克才知道，她已经快要登上了成功的彼岸，阻碍她成功的不是大雾，而是她内心的疑惑。是她自己在大雾挡住视线之后，对创造新的纪录失去了信心，然后才被大雾所俘虏。过了两个多月，弗洛伦丝·查德威克又一次重游加利福尼亚海湾，游到最后，她不停地对自己说："离彼岸越来越近了！"潜意识发出了"我这次一定能打破纪录"的信号，顿时浑身来劲，最后弗洛伦丝·查德威克终于实现了目标。

其实，人的一生没有谁可以打败你，除非你自己打败自己。人有了信心，就会产生无穷的意志和力量。

有位名人说过："一个人在比较了自己与别人的力量和弱点之后，如果仍然看不出差别的话，那么他将很容易被他的敌人打败。"

穆罕默德·阿里是美国职业拳击运动员，有"拳王"之称。1981年阿里告别拳坛，一年后，40岁的他被确诊患帕金森氏症，并出现了语言和行动上的障碍。但他永不屈服的精神鼓励他站了起来，并担当了联合国和平大使，经常拖着病体前往战乱与冲突地区，倡导和解，呼吁和平。

世人在为这种精神折服的同时，也对是什么一直支撑着阿里让他有了无数的胜利，而后来又会战胜恐怖的病症感到惊奇。其实，关键的因素还是阿里首先爱自己。正因为爱自己，才不想让自己失望；正因为爱自己，才想活出更好的自己。

◆人生何尝不是如此？你的一生总会出现无数个对手，他们会用各种方式向你挑战，但到了最后，失败的心理往往是从自己心中开始的。因此，欲胜别人，先胜自己。

爱自己吗？那就要让自己走向成功

有一位哲人曾经这样诠释人生：人的一生只有5%是精彩的，也只有5%是痛苦的，另外的90%是平淡的；人们往往被5%的精彩诱惑着，忍受着5%的痛苦，在90%的平淡中度过。

由此可见，多数人都过着平凡的一生，成功只属于极少数不断努力奋进的人。虽然每个人都不同程度地渴望自己成功，虽然每个人对成功的定义不尽相同，但是，你是否想过：你真正为自己的成功付出过多少？

一个人成功的程度取决于他爱自己的程度。我们无法避免在追求成功的路上所遇到的荆棘与挫折，但是，当你把这些挫折当作痛苦去对待的话，疲劳将始终纠缠着你，失望将一直笼罩着你。其实，只要我们的内心更加坚强一些，强大到可以战胜自己内心一切的弱点，那么，成功也就离你不远了。

如果把我们日常所经历过的种种痛苦、烦恼仔细分析一下，你会发现，这痛苦的来源有一大部分是因战胜不了自己而没能成功。

这许多矛盾的名词——勇敢、软弱，洒脱、执迷，勤奋、懒惰，宽宏大量、心胸狭隘，廉洁、贪欲，公正、偏私……几乎经常同时占据着我们。

美国《运动画刊》上登载了一幅漫画，画面是一名拳击手累瘫在练习场上，标题为《突然间，你发觉最难击败的对手竟是自己》。这个标题实在耐人寻味。

世上没有绝对完美的人，当然也很少有绝对不可救药的人，每一个人的性格中都或多或少地存在着上述的矛盾。这些矛盾，在你遇到一件事情，需要你采取行动去应付的时候，就往往会同时出现。而当它们同时出现的时候，也就是你开始彷徨困惑、痛苦不堪的时候。你怎样决定，完全看这两种矛盾的力量是哪一边战胜。如果是积极和光明的一边战胜，你就走向成功。如果是消极和黑暗的一边战胜，你就走向失败。

这理由很明显，按理说，每一个人都应该知道自己怎样做，才是正确的决定。但是，很少有人能够不经交战而采取正确的行动。甚至交战的结果，仍是消极与黑暗的一面获胜。

战胜自己不是一件容易的事，它需要很大的勇气与坚定的信念。想一想，你战胜自己的次数多吗？你时常姑息、纵容自己吗？

一个人，如果他勤奋，那必定是他战胜了自己的懒惰。懒惰是我们最难克服的一个敌人。许多本来可以做到的事，都因为一次又一次的懒惰拖延，而把成功的机会错过了。

当我们尝试一项新的工作，接触一个新环境，应付一个新场面的时候，总难免有一种向后牵拽的力量。我们常会退缩地想：还是安于现状吧！还是省事为妙吧！还是不要冒险吧！于是，就在这种消极的决定中，不知多少可贵的机会流失了。许多人抱怨自己一事无成，恐怕这消极的处理事情的习惯，是使他失败的一个最大的原因。

每一个人都应该有力量让自己光明的那一面战胜阴暗，否则，你的人生就失败了。一个真正爱自己的人首先得学会战胜自己。

在与生活不断进行抗争时，只有自己才能拯救自己，只要有一丝的抗争勇气，就有一丝的成功希望。自人类出现以来，我们就不断地在与大自然进行着斗争，与其说是适者生存，还不如说是在这场斗争中，胜利的是人类。

在崎岖的生活之路上，我们需要不断地与环境斗争。其实，敌人已经就是那样了，关键在于你是否已经从心底否定了自己，要是这样，再舒适的环境也不会造就一个成功者。

有两个人同时到医院去看病，并且分别拍了X光片，其中一个原本就生了大病，得了癌症，另一个只是做例行的健康检查。

但是由于医生取错了照片，结果给了他们相反的诊断，那一位病况不佳的人，听到身体已恢复，满心欢喜，经过一段时间的调养，居然真的完全康复了。

而另一位本来没病的人，经过医生的宣判，内心起了很大的恐惧，整天焦虑不安，失去了生存的勇气，意志消沉，抵抗力也跟着减弱，结果还真的生了重病。

看到这则故事，真的是令人哭笑不得，因心理压力而得重病的人是该怨医生呢还是怨自己？乌斯蒂诺夫曾经说过：“自认命中注定逃不出心灵监狱的人，会把布置牢房当作唯一的工作。”

以为自己得了癌症，于是便陷入不治之症的恐慌中，脑子里考虑的更多的是“后事”，哪里还有心思寻开心，结果被自己打败。而真的癌症患者却用乐观的力量战胜了疾病，战胜了自己。

战胜自己就是最大的胜利。实际上，战胜困难要比打败自己相对容易，所以有人说：“我”是自己最大的敌人。战胜自己靠的是信心，人有了信心就会产生力量。有了力量才能更好地爱自己、成就自己。

◆更多的时候，人们不是败给别人，而是败给自己。只有挑战自我、永不言败者才是人生最大的赢家。

惜　福　福　常　在　　　随　缘　缘　自　来

第七章

平和淡定，生命于我自悠然

日子如一杯清茶，要一口一口，悠然品味。最舒适的，还是清淡滋味。当你读懂了岁月，品透了红尘，你会发现，人生清欢是看淡。

人的一生都在选择中度过。过去你的选择决定你现在有怎样的生活，现在你的选择决定你将来有怎样的生活。人生有舍才有得，能够潇洒地放弃并重新拾起的人，才是一个真正有智慧的人，才是一个悠然自得的人。

放下，你的生活会变得无比自在

人生，要学会选择，懂得放弃。选择，是一门学问；放弃，是一种智慧。生活，因选择而多姿，因放弃而明朗。人生，因选择而精彩，因放弃而辉煌。

有人这样说：品味人生，最大的愉快莫过于做出选择，最大的痛苦也莫过于做出选择。人生的“棋”走好了，一生便会顺利和成功；走不好，一生便充满曲折和失败。不同的选择导致命运的迥异，错误的选择会让人走尽弯路，辛苦一生却始终与成功无缘，甚至酿成人生悲剧；只有量力而行的睿智选择才会让人一帆风顺，到达理想的港湾，成就幸福的人生。

每个人从出生时起，都是肩负使命而来。有时候，我们身上的包袱过重，无法轻松前行。生命就如一艘船，需要不断地精简装备，该放手时就放手，才能轻松前进，收获更多。

一个青年背着个大包裹千里迢迢跑来找无际大师，他说：“大师，我是那样地孤独、痛苦和寂寞，长期的跋涉使我疲倦到极点；我的鞋子破了，荆棘割破双脚；手也受伤了，流血不止；嗓子因为长久的呼喊而喑哑……为什么我还不能找到心中的阳光？”

大师问：“你的大包裹里装的什么？”青年说：“它对我可重要

了。里面装的是我每一次跌倒时的痛苦，每一次受伤后的哭泣，每一次孤寂时的烦恼……靠着它，我才能走到您这儿来。”

于是，无际大师带青年来到河边，他们坐船过了河。上岸后，大师说：“你扛了船赶路吧！”“什么，扛了船赶路？”青年很惊讶，“它那么沉，我扛得动吗？”“是的，孩子，你扛不动它。”大师微微一笑，说：“过河时，船是有用的。但过了河，我们就要放下船赶路，否则，它会变成我们的包袱。痛苦、孤独、寂寞、灾难、眼泪，这些对人生都是有用的，它能使生命得到升华，但须臾不忘，就成了人生的包袱。放下它吧！孩子，生命不能太负重。”

青年放下包袱，继续赶路，他发觉自己的步子轻松而愉悦，比以前快得多了。原来，生命是可以不必如此沉重的。

经历是一笔财富，但它有时也会成为生命不能承受之重。所以要懂得放手，丢掉那些失败、哭泣、烦恼，轻轻松松上路，才能越走越快，越走越欢愉。

生活中有很多人，明明知道已经把握不住却仍紧握双手，不肯放下。总是耿耿于怀，是害怕失去，因为他不知道失去也是另一种得到。

假如在一个暴风雨的夜里，你驾车经过一个车站。车站上有三个人在等巴士，其中一个是病得快死的老妇人，一个是曾经救过你命的医生，还有一个是你长久以来的梦中情人。如果你只能带上其中一个乘客走，你会选择哪一个？

答案里面说，很多人都只选了其中唯一一个选项，而最好的答案是：把车钥匙给医生，让医生带老人去医院；然后我和我的梦中情人一起等巴士。

是因为我们从来不想放弃任何好处吗？就像那车钥匙？有时候，如果我们可以放弃一些固执、限制甚至是利益，我们反而可以得到更多。这里有很多关于取和舍的深层问题。

什么才是最难舍弃的？是一种道义，还是一段感情？为什么不能抛开和牺牲一些东西，而去获得另一些永恒？

就好比说，我不选择你，会后悔一辈子。其他的东西都可以抛弃，可我就是那么想和你有场自始至终完美的相守。我这样说，你会做出什么样的选择？

《卧虎藏龙》里李慕白对师妹说的一句话："把手握紧，什么都没有，但把手张开就可以拥有一切。"以退为进的道理谁都知道，可如果让你亲身去做，还是有一定难度的。

无论你的选择是什么，你注定会失去一些东西，也注定会在失去的同时获得一些东西。其实有时会得到什么、失去什么，我们心里都很清楚，只是觉得每样东西都有它的好处，哪样都舍不得放手。

其实，没有在同一情形下势均力敌的东西。你得选择那个从长远来说更重要的东西。有些东西，你以为这次放弃了就再也不会出现了，可当你真的错过了，会发现它在日后仍然不断出现；而有些东西，一旦错过，就是日后无法回头的遗憾。

如果要是我们放弃的和想得到的都是好东西，怎么办？那是因为我们太贪心。贪心常常会蒙蔽真心。

如同抓一把沙子，你握得越紧，沙子就会流失得越多，只有松开手才能拥有更多。

◆我们无法看到未来的具体样子，但是应该明白自己的原则和底线，并适时作出取舍。很多的世事与感情是经不起一再地错过与等待的，必须在适当的时候作出一个选择，而不是等到无可奈何花落去的时候，再来体会那种悲凉。

采菊东篱下，恬淡的生活你可以有

“采菊东篱下，悠然见南山”是晋代文学家陶渊明的诗句，也是千年以来脍炙人口的名句。因为有了平和淡定的精神境界，作者才会悠闲地在篱笆下采摘菊花。在采菊的过程中，作者无意中看见了远处的山峦，那样怡然自得，那样超凡脱俗，有如身临其境之感。

每个人的心灵都像个房间。心灵的房间，如果不打扫就会落满灰尘，蒙尘的心会变得迷茫。我们每天都要经历很多开心的或不开心的事情，它们都在心里安家落户。心里的事情一多，就会变得杂乱无序，然后心也跟着乱起来。有些痛苦的情绪和不愉快的记忆，如果充斥在心里，就会使人委靡不振。所以，扫地除尘，能够使黯然的心变得亮堂；把事情理清楚，才能告别烦乱；把一些无谓的痛苦扔掉，快乐就有了更多、更大的空间。

其实，生活中的情调要靠自己去创造，淡泊才能让心灵充实起来。与其苦苦地去追寻，不如先细心体会眼前实在的快乐。乐趣并不在远处，就在眼前，何必舍近求远？我们往往在山间海崖追寻青鸟，却不知青鸟就在窗前。

如果你每天骑着单车上下班，回家到菜市场购物一番，之后做几盘可口的家常菜，和家人、孩子一起享受天伦之乐。庆幸吧，你平淡的生活充满着无比的幸福！

这个世界有太多的诱惑，因此有太多的欲望。一个人需要以清醒的心智和从容的步履走过岁月，他的精神中必定不能缺少淡泊。虽然我们渴望成功，渴望生命能在有生之年划过优美的轨迹，但我们更需要的是一种平平淡淡的快乐生活，一份实实在在的成功。这种成功，不必努力苛求轰轰烈烈，不一定要有那种揭天地之奥秘、救万民于水火的豪情。只是一份平平淡淡的追求，足矣！

生活，并不是只有功和利。尽管我知道我们大家必须去奔波赚钱才可以生存，尽管我知道生活中有许多无奈和烦恼。然而，只要我们拥有一份淡泊之心，量力而行，坦然自若地去追求属于自己的真实。能做到宠亦泰然，辱亦淡然，有也自然，无也自在，如淡月清风一样来去不觉，生活，不是要轻松得多吗？

有了这份平淡的处世心态，你就会在简简单单的生活中快乐地生活。当你忙里偷闲与爱人、孩子一同去逛公园、去看场电影、去搞一次野炊时，我相信我们都会懂得，生活其实有很多内容。我们大可不必为了一个出国名额而彻夜不眠，大可不必为一次职位的晋升而寝食难安。在平日忙碌而充实的生活中，忙便有所收获；岗位平凡但乐在其中；斗室而居，但衣食自足。你普通，普普通通如一颗草；你平凡，平平凡凡如一朵花，但你同样可以骄傲，默默绽放的花朵也会芳香怡人！

也许，你没有辉煌的业绩可以炫耀，没有大把的钞票可以挥霍，但你拥有淡泊，这是人生求之难得的幸福了。诸葛亮有言：“非淡泊无以明志，非宁静无以致远。”淡泊是一种真我，是英雄本色。追求淡泊者，生活的道路上永远开满鲜花，永远芳香四溢；追求名利者，生活的道路上会遍布陷阱，只能在生命终结的一刹那体会到稍众即逝的一丝快乐。

一个故事：一个新来的小和尚夏天热得受不了，一个劲儿地扇扇子还是汗流浃背，可他却见自己的师父，坐在蒲团上闭目养神，一点也不感到热，似有凉风吹过。他便好奇地问：“师父，为何弟子感到这般闷热，而你却如此清凉？”师父笑着说道：“心静自然凉，心里能放得下，不去想着热，也就不感到热了。”看来，“静”字对修身、处事都是大有好处的。你心如止水，哪里还有什么名利、是非之争呢？

人生的大戏不可能永远处于高潮，平平淡淡才是真，拥有淡泊之心，便能拨云见日，体会到生活的真正内涵。

◆非淡泊无以明志，非宁静无以致远。学会淡泊，你就能在世相百态前神宁气静，你就会抛开一切名缰利索的束缚，在人生的大道上迈出自信与豪迈的步伐，获得心灵的充实、丰富、自由、纯净！

不把压力当回事，啥都不叫事

在每个人的日常生活或工作中，压力可以说无所不在。

刚换一个新的工作，对新的环境与工作内容不熟悉而感受到压力；学生考试前，因为无法预知会遇到何种形式的考题，即使准备再充分还是多少会感受到压力；有些人第一次出国，会担心赶不上飞机而提早许多时间到机场等候，这也是压力。另外，业绩目标无法达成、担心实力不如对手、家人有问题无法解决、经济状况不佳等，免不了也会产生压力。

无论是哪一种情况下产生的压力，其实都有一个相同的特质，就是当一个人碰到一件事而感觉到“我不会”“我不熟悉”或是“我不确定”时，就会感受到压力。

既然压力的来源是本身对事物的不熟悉、不确定感，那么，缓解压力最直接有效的方法，便是去了解、掌握状况，并且设法提升本身的能力。一旦“会了”“熟了”“清楚了”，压力自然就会减低、消除，可见压力并不是一件可怕的事。逃避之所以不能缓解压力，则是因为本身的能力并未提升，使得既有的压力依旧存在，强度也未减弱。

由此观之，压力也可视为一种侦测器，用以测试一个人的能力。

同样一件事情，对不同的人产生的压力大小也不同，能力较强者，感受到的压力便较弱。一个人能够负荷的压力强度也因此反映出他的能力高低或对事物的熟悉度。压力的存在，代表欲达到的标准高于实际情况，而压力的消除，代表能力较先前提升。

反过来说，一个人一旦感受不到压力的存在，不但并不可喜，反而要特别小心。因为这表示在能力提升与个人成长上，少了一股相当重要的动力来源，这样的环境虽然安逸，但是却无助于成长。风筝如果没有线的牵引，必会折戟蓝天。就此而言，压力的存在有其正面意义，人不应该害怕、排斥压力。尤其是人在一帆风顺时，要特别当心！

对于一个积极进取的人而言，面对压力时可以自问："如果没做成又如何？"这样的想法并非找借口，而是一种有效缓解压力的方式。但如果本身个性较容易趋向于逃避，则应该要求自己以较积极的态度面对压力，告诉自己适度的压力能够帮助自我成长。另一方面，也要随时切记，压力过大时要寻求主管的协助，不要指望自己一个人就能把所有的压力都承担下来。

有这样一个故事：

有位讲师正在给学生上课，他拿起一杯水问："你们认为这杯水有多大重量？"有人说200克。

"是的。如果让你将这杯水端在手中，可以端多久？"

很多人都笑了，心想：才200克，拿多久又会怎么样！

讲师接着说："拿1分钟，你们觉得没问题；拿1小时，可能觉得手酸；拿1天呢？1个星期呢？那可能得叫救护车了。在同样重量下，随着拿杯子时间的延长，虽然这杯水很轻，但拿得越久就越觉得沉重。这就像一个人总是把压力放在身上，不管压力多大，时间长了都会觉得无法承担。而我们要做的是放下这杯水，休息一会儿后再拿起，只有这样我们才能拿得更久。所以，我们也应该在适当的时候放下所承担的压力，给自己一个充分休息的时间，然后再重新拿起来，如此才能承担更久。”

讲师说完，教室里响起一片掌声。

人生在世，压力谁都会有，我们该如何面对呢？也许最好的办法就是别给自己太大的压力，适当地放放手，就像拿这杯水一样，适时地放一放，别让它越积越重。

在职场，作为领导者、管理者，帮助下属减轻压力的最好方法是帮助下属学习，做一个教练型管理者或教练型领导者。善于学习和读书，才能不断提高解决问题的能力，从而增强自信心，减轻压力。

领导者在学习上帮助员工来缓解压力，同时也应该了解个别员工的性格，压力同时也兼具帮助个人成长的作用。遇到员工前来寻求支持时，能够适度地拿捏协助员工的方式与程度，以避免部分较消极的员工养成只要一遇到压力，便将之转移给领导者解决的习惯。

年轻的员工由于工作、社会阅历较浅，因此更加容易产生压力，此时应该积极地练习如何克服压力，在此过程中，也加速了个人能力的成长，胜任既有的工作职责之后，随之而来的便是身心上的放松，身心放松便能全身心投入工作，自然会得到职位上的提升。

◆有时候，我们也可以适时地给自己适当的压力，以帮助自己成长。此时必须切记的是，帮助成长才是真正的目的，以避免自己一味地设定过于高远的目标，陷入过大的压力，过犹不及。

放空自己，和自然来一场约会

“人不能只靠面包过活，你的心灵需要比面包更有营养的东西。”你有多久没有唱歌，没有到大自然中走一走，没有读诗？是啊，对有着极大工作压力、繁重的生活负担、无余的生存现状的现代人来说，我们有多久没有关照过我们日益憔悴的心灵了？

其实，每天忙忙碌碌工作的人，并不见得就不能洒脱。关键是要在忙中求闲，苦中见乐，紧张中求轻松。只要你学会享受生活，学会体验生活的快乐，世间一切皆美好。

或许，在某一个夏日的午后，你一觉醒来突然发现，由钢筋水泥簇拥而起的高楼将狭长的影子倾覆在熙熙攘攘的街道上，空中纵横的电线密如蛛网，偶尔栖落的几只可爱的小麻雀，远远望去，如活蹦乱跳的音符，透过喧嚣，竟给人以一种恬淡澈明的美妙。

在这样一个美丽的午后，你何不走出去，带着自己的心灵一起散步，带着自己的心灵一起看看天呢？

是的，抬头看看天吧，朋友，看看苍穹云卷云舒，你会发现，你的心灵从来没有这么惬意过！看看头顶上的那片天，浮云逍遥地飘在广阔的苍穹，似奔马，似群羊，似高山，似游丝。好白的云，好美的云，就在我们的头顶上，悄然无声地上演着一幕幕精彩绝伦的剧目。

你肯定会慨叹：生活中原来有这么美的天空，生活中原来有这么美的云彩！可是，为什么你的步履总是那么匆匆，你的鞋子总是蒙着一层细土，你的履底无缘阅读洁白美丽的云朵？你的心遗忘在何处了？你的眼睛在追逐着什么？你为什么从来没有发现头顶上这片可供心灵散步的青天？

仔细阅读头顶上的这片天吧，你的答案就在其中，天上的云彩，最能明白你如水的心境！

朋友，你相信吗？在这个喧嚣的世界里，有许多事情真的并不比抬头看天更重要。如果你我有缘相聚在心灵的天空，就请和我站到一起，让我指给你看吧——你我心灵的天空上，开着那么多上帝来不及采摘的花朵。

朋友，整日奔波劳苦的你，不妨离开繁忙的都市，到郊外觅个好去处，呼吸着新鲜的空气，欣赏大自然的景色，于和风暖日之中，执竿垂钓，亲身体验一下张志和《渔歌子》诗中“西塞山前白鹭飞，桃花流水鳜鱼肥，青箬笠、绿蓑衣，斜风细雨不须归”的垂钓意境，一定会让你留连忘返；而在垂钓时的全神贯注，静观水面鱼漂的沉浮动静，定会让你备感心旷神怡，别有一番情趣，也大有益于你的身心健康。

我们时常看到这样的新闻，某人因生活、学习、工作等压力大而跳楼，而有的人则依然乐观地生活着。

这么说吧，你能担负50千克的重物，你背上10千克，你能感受到的是什么？不是很大的负载，好的。那么继续20千克呢，然后超过50千克呢，你是否还能承受呢？估计你承受不了了。但是反过来，如果你背上10千克，然后放下，再背上10千克，如此重复，即使再多几次，对你的影响也不会很大。

所以从这一观点来看，如果一个人面对的压力很大，那么就需要更多地放松，正负相抵，人就能保持平衡了，或者从太极的角度来看也是如此吧，那就是阴阳要平衡。这时候我们需要学会放松。如果压力是生活的必需品，那放松就是生活的医疗包。

学会放松，先学会认识自己，只有知道自己的能力，正确地评估自己，才可能制订出合理的计划（这里的合理是指既不会难度太高达不到，也不会太低没意义）。制订目标看似很容易，其实很难，因为认清自己很难。而当有了合理的目标，就已经成功了一半！当做到这步时，一个人就不会做一些能力之外的事情，压力就会减少很多，起码会减少来源于自身的压力。

在节假日，不妨去郊外走走，在大自然中放空心灵。或者找一个安静的地方，静静地坐着，或遐想，或仰望，你会倍感舒畅。

记住，放松包含很多的东西，从心理到身体的放松。只有学会让自己放松，才能让自己从超负荷的压力中暂缓出来。压力时时存在，但有时，我们必须忽视它，暂时忘记它的存在，让自己放松一下。暂时的放松是对身体、精神和心理的充电，是为了更好地工作。就像在高原上，吸一下氧气，再向更高的高度出发一样。

◆宠辱不惊，闲看庭前花开花落；去留无意，漫随天边云卷云舒。拥有这样一种心态，你的心灵还会累吗？

挥毫泼墨，在丹青中放逐心灵

生活中不如意事十之八九，人生道路上碰上点障碍再所难免，忧郁、彷徨、烦恼、悲愤可能每个人都体验过。如果你喜欢，你可以寄情于水墨丹青，让这些充满灵性的艺术瑰宝去抚慰你的心灵，陶冶你的性情。

“琴书诗画，达士以之养性灵”，寄情于水墨丹青之中，沉浸于那洒满墨香的氛围之中，笔走神龙，气韵畅通，你的心胸会顿觉舒畅，感受艺术的同时也是更好地感受生命。

世界织布业的巨头之一威尔福莱特·康，尽管事业非常忙碌，在他为事业奋斗了大半辈子时，他总感觉到自己生活中像缺了点什么东。于是他选择了画画，每天从百忙中抽出一个小时来安心画画，不仅事业取得了辉煌的成就，而且他在画画上也得到了不菲的回报——多次成功举办个人画展。威尔福莱特·康在谈起自己的成功时说：“过去我很想画画，但从未学过油画，我曾不敢相信自己花了力气会有很大的收获。可我还是决定学油画，无论做多大的牺牲，每天一定要抽一小时来画画。”

威尔福莱特·康为了保证这一小时不受干扰，唯一的办法就是每天早晨五点前就起床，一直画到吃早饭，威尔福莱特·康后来回忆说："其实那并不算苦，一旦我决定每天在这一小时里学画，每天清晨这个时候，怎么也不想再睡了。"他把楼顶改为画室，几年来他从未放过早晨的这一小时，而时间给他的报酬也是惊人的。

他的油画大量在画展上出现，他还举办了多次个人画展，其中有几百幅画以高价被买走了。他把这一小时作画所得的全部收入变为奖学金，专供给那些搞艺术的优秀学生，"捐赠这点钱算不了什么，这只是我的一半收获。从画画中我所获得启迪和愉悦才是我最大的收获！"

画画不仅可以愉悦人心，陶冶性情，还可以治病疗伤。

美国有一位画家作过这样一个实验：他特地为一位癌症患者画了一幅《天上飞来的希望》的画。每当患者凝视这幅画时，那只正在波涛汹涌的大海上展翅高飞的海鸥便会使他心中升起信心和希望。医生曾断言说他活不过两年，可自从他试着每天去欣赏这幅画后，他的病竟然慢慢好转，他已活了35年，至今还健在。

无独有偶，另一个以画治病的故事更有趣。

据传南北朝时鄱阳郡王爷被齐明帝所杀后，其王妃悲痛欲绝，整日茶饭不思，终于一病不起。试过了各种妙方，尝遍了天下良药，仍不见好转，最后，其兄慕名请来一位画师为鄱阳郡王爷作了一幅画像。画师深知王妃之病为相思病，经过一番冥想之后，便作好一幅画密封后转交给王妃，并让人转告她说，有人曾偷画王爷像，要王妃派亲信以高价赎取。亲信取回后，王妃展开一看，当即勃然大怒，从病床上一跃而起，大起骂道："这个老色鬼，早该千刀万剐！"原来，画上画的是郡王爷生前和一宠妾在镜前调情的丑态。可说也奇怪，王妃的病从此日渐好转，最后竟然奇迹般地康复了。

作画可以让人沉浸其中，抛烦恼于脑后，观画可以让人宠辱皆忘，愉悦身心，获得一个美好心境。在现代快节奏的生活中，不妨在家中挂上几幅清丽典雅的字画，在闲暇之余细细品味，可让人赏心悦目，获得一份清净，于身心健康十分有利。

有时候人生就像坐车，要经受各种未知的颠簸，有的人能从容自信地欣赏到窗外的风景，怀着激情享受和驾驭生活；而有的人即使是安稳地坐在座位上，也看不到眼前稍纵即逝的美景，因为他们根本就没有更多的精力和情感去拥抱这个世界，这颗“枯竭干涸、老去的心”已经无法面对艰难。拥有一颗年轻的心，直面人生的挑战，才能拥有自己人生的美景。

如果你能放慢匆忙的脚步，看一看周围，就会发现生活中的美景无处不在：漫步在幽深的小路上，呼吸着清新的空气，透过树阴，阳光在地上洒落无数碎石般的斑纹。微风拂过，扑面而来的是淡淡的花香，使人心旷神怡。仰天长望，白云掠过，几朵白云在轻轻地飘。哼一首无名的小曲，默念一首小诗。相信你在感受到这些生活之美的同时，也真正明白了人生的真正意义和价值。

有人说：“生活使我闷闷不乐，它让我度过平淡的人生。”其实不是这样，生活中的乐趣完全是由自己去打造的。喜欢水墨丹青的朋友们，不妨让自己静下心来写一幅字或画一幅画吧！

◆活在当下，别在怀念过去或者憧憬未来中浪费掉你现在的时光。

你足够开朗了，压力就不见了

同样的世界，在不同人的眼里呈现的样貌是不同的。比如：下雨天，有人闲庭信步，欣赏浪漫的雨景；有人则怨天尤人，为自己没带雨具而垂头丧气。这两种人的根本区别就是心态问题。一个积极，一个消极。

再比如：消极的人逛商店时，看到的总是无序和混乱；开朗的人逛商店时，看到的却是热烈和繁荣。消极的人看到柜台里的面包圈时，注意的是面包圈里的那个黑洞；开朗的人看面包圈时，看到的就是黄灿灿的面包。消极的人看到柜架上的洗发水，很容易想到中毒，满头脱发，心里会很不舒畅；开朗的人看到洗发水时，会想到一头美发，心情会是一种爽朗。

从前，有位秀才第三次进京赶考，住在一个经常住的店里。考试前两天他做了三个梦：第一个梦是梦到自己在墙上种白菜；第二个梦是下雨天，他戴了斗笠还打伞；第三个梦是梦到跟心爱的表妹脱光了衣服躺在一起，但是背靠着背。这三个梦似乎有些深意，秀才第二天就赶紧去找算命的解梦。算命的一听，连拍大腿说：你还是回家吧。你想想，高墙上种菜不是白费劲吗？戴斗笠打雨伞不是多此一举吗？跟表妹都脱光了躺在一张床上了，却背靠背，不是没戏吗？

秀才一听，心灰意冷，回店收拾包袱准备回家。店老板非常奇怪，问：不是明天才考试吗，今天你怎么就回乡了？秀才如此这般说了一番，店老板乐了：哟，我也会解梦的。我倒觉得，你这次一定要留下来。你想想，墙上种菜不是高中吗？戴斗笠打伞不是说明你这次有备无患吗？跟你表妹脱光了背靠背躺在床上，不是说明你翻身的时候就要到了吗？

秀才一听，觉得老板说的话更有道理，于是精神振奋地参加考试，居然考中了探花。

"思维心理学"大师史力民博士曾指出：开朗的心态是成功的一大要诀。他说，失败者通常有一个悲观的"解释事物的方式"，即悲观者遇到挫折时，总会在心里对自己说："生命就这么无奈；努力也是徒然。"由于常常运用这种悲观的方式解释事物，无意识中就丧失了斗志，不思进取了。

开朗的人看天空时，总会尽力感觉它的高远，并想到一片海蓝，看得雄赳赳气昂昂；消极的人看天空时，常常容易看成灰色，或一片浑浊。开朗的人在生活中，更多的是感到某种乐趣，时时会发现人生的美丽；消极的人在生活中，总会感到负担很重，并会得出人生就是磨难的总结。开朗的人即便遇上一堆难事，也会认为这只是一个过程；消极的人，会把许多小事记在心上，步履沉重。

开朗的人很容易看到希望，做起事来着眼于光明，心中总有灿烂；消极的人做事，考虑失败的因素大于成功，因此随时都会感到生活的无望。开朗的人认为投资是事业中的一种必然，有失必有得；消极的人对于投资最为恐慌，在他们看来，那简直就是败家子。

诚然，积极乐观的心态不是每个人与生俱来的。当你发现自己常有悲观心态时也不要失望，你完全可以通过心理训练，逐渐地培养起乐观心态。最行之有效的办法就是有意识地和积极乐观的人在一起，经常与传递正能量的人在一起，经常与爱笑的人在一起。这样，我们就能调动自己的积极心态，逐渐开朗起来。

在开朗的人看来，没有什么是不可能的，一旦有了机遇，他们便宜会紧紧抓住不放。因为乐于驾驭自己，而使生活常有快乐。开朗的人，社交圈子通常都是越来越大，就是去玩、去吃饭，也变得很有意义。许多大事，都会在饭桌上孕育而生，甚至还能吃出投资的项目。因此，他们的人生随时都处在转变中。小老板变大财东，穷人变富人，对他们都是极有可能的。

未必人人都能做出惊天动地的事业，但无论如何，我们都要以乐观向上的精神支持自己，更不能因一些挫折而灰心丧气。天塌下来有人顶着，逆境过后是顺境，冬天过去是春天。让乐观精神伴你一生，你的人生才会成功。

做一个开朗的人，让自己心里有个太阳，暖暖热热，豪情四溢。即便我们贫穷，也依然光彩照人。

◆你的时间有限，所以不要为别人而活。不要被教条所限，不要活在别人的观念里。不要让别人的意见左右自己内心的声音。最重要的是，勇敢地去追随自己的心灵和直觉，只有自己的心灵和直觉才知道你自己的真实想法，其他一切都是次要的。（史蒂夫·乔布斯）

第八章

笑对人生，每天都别样风采

获得幸福的不二法门是珍视你所拥有的、遗忘你所没有的。人的一生，所有的成功，与征服自己的成功比起来，都微不足道。所有的失败，与失去自己的失败比起来，更是微不足道。

快乐不是因为拥有的多而是计较的少。如果你曾歌颂黎明，那么也请你拥抱黑夜。我们生活中的大多数时光都在很普通的日子里度过，有时，看似很正常的生活，你却像走进生活的误区，有点儿浑噩，有点儿疲惫，有点儿茫然，有点儿怨恨，总之，被苦闷所占据。此时，不妨笑一笑，你会发现，苦闷在慢慢消失。

把微笑当武器，困难就会怕着你

人们常说：困难像弹簧，你强它就弱，你弱它就强。其实，这世上有多少困难就有多少解决困难的方法，只是你没有足够的笑容来坦然面对，缺少战胜困难的勇气和信心罢了。

用微笑面对我们遇到的困境，用豁达的心态面对我们遭遇到的一切打击，那么，所有的困境和打击都会在我们的微笑面前低头。

有这样一个故事：

百货店里，有个穷苦的妇人，带着一个约4岁的男孩在转圈子。走到一架照相机旁，孩子拉着妈妈的手说："妈妈，让我照一张相吧。"妈妈弯下腰，把孩子额前的头发拢在一旁，很慈祥地说："不要照了，你的衣服太旧了。"孩子沉默了片刻，抬起头来说："可是，妈妈，我仍会面带微笑的。"

听完这个故事，我们已被那个小男孩简单的话感动得泪眼盈盈。试问一下，如果在生活中，我们每个人都像那个小男孩一样贫穷、衣衫褴褛，甚至一无所有，我们会像他一样从容、坦然、开怀地微笑吗？我们相信，在这个世界上，没有任何一样东西能比一个灿烂开怀的微笑更能打动人们的心。

无论我们身处何方，也无论我们身兼何职，也无论我们此刻陷入了多么严重的困境或遭到了多么大的挫折和打击，我们都要用微笑去面对一切。那么，一切的不幸和困惑都会屈服在我们的微笑之下。微笑是人类最简单、最易懂的语言，它能消除人与人之间的隔阂，可以化解人与人之间的坚冰。我们的一个微笑也可以抚慰自己的心灵，让生活充满了阳光雨露。

既然我们知道挫折、困境，甚至不幸的遭遇是人生道路上所不可避免的，那我们为什么不能坦然乐观地去面对这一切，让我们的灵魂始终微笑呢？自强不息是我们生命中蕴含着的不可阻挡的力量。这种力量会使我们人生中所有的苦难如轻烟一般随风飘散，然后彻底地消失。

记住：尽量消除或减少一切的消极和悲观情绪。每天，都努力在你生活的周围去寻找让我们开心和快乐的事情。

只有在绝境中仍然能够抓住快乐的人，才能真正领悟到快乐的真谛。

生活中的种种困境和不幸对我们造成的挫败感是否像乌云挡住太阳一样遮住了视线，让我们看不到光明？如果我们试着换个角度去看待这个世界，就会惊奇地发现，世界一片光明，大自然充满了生机和活力，生活是多姿多彩的。活着就要享受生活中的一切快乐和痛苦，不要钻牛角尖和自己过不去。

人活在这个世界上会遇到各种各样的事情，或喜或忧，或成功或失败，我们无从选择。我们可以做的只有调整好自己的情绪，遇到任何事情都往好的方面考虑。这样，不但能够帮助我们更好地处理各种问题，更可以获得身心健康，我们又何乐而不为呢？

托尔斯泰在他的散文名篇《我的忏悔》中讲了这样一个故事：

一个男人被一只老虎追赶而掉下悬崖，庆幸的是在跌落过程中他抓住了一棵生长在悬崖边的小灌木。此时，他发现，头顶上，那只老虎正虎视眈眈，低头一看，悬崖底下还有一只老虎，更糟的是，两只老鼠正忙着啃咬悬着他生命的小灌木的根须。绝望中，他突然发现附近生长着一簇野草莓，伸手可及。于是，这人拽下草莓，塞进嘴里，自语道："多甜啊！"

生命的旅途中，病痛、绝望、灾难、不幸都会不约而同地向我们逼近，让我们陷入无奈的困境。不知我们是否会像上面这个故事所讲的那样，在危急时刻，还能享受一下野草莓甜甜的滋味？

只有在绝境中仍然抓住一丝快乐的人，才能真正领悟到快乐的真谛。

如果我们在逆境中可以保持理智和清醒，我们就可以因此而更加全面地认识自己的优点和不足。

日常生活中我们常面临工作不得志，情场失意，家人朋友之间的误会等。其实，生活中与人相处的种种情况，就如同冬去春来，冷暖交替的变化。等到一切都烟消云散时，我们才发现，当时的行为举动实在是幼稚、荒唐。但等到下一次类似的事情发生时，我们又一次重复地抱怨、不满，从未想过汲取以前的经验教训。就这样我们在困惑和清醒之间游移徘徊，从原点开始，然后又回到原点，自身得不到半点的突破和成长。

所以，当我们身处逆境时，我们应该不断自我反省，重新认识自己。因为太多的时候，我们并不能真正地认清自己，我们总是有意或无意地否定自己内心存在着的种种困惑、孤寂和空虚。同时，由恐惧引起的各种不良的负面情绪使我们错失了反省的机会。

人在顺境时的得意是非常自然的事情，但我更希望我们能在逆境中苦中作乐，把自己的心情放平静，去全面地认识那个平常被我们疏忽的自己，从而帮助自己更好地生活、更好地成长。

◆生活中的逆境就如同大街上的红绿灯一样，偶尔限制我们的前进，让我们停下来做个短暂的休息，顺便看看自己是否走错了方向。这不是一种障碍，而是为了更好地继续我们的旅途。

如果不能更好，笑一笑就很满足

如果你始终对自己的生活不满意，如果你总认为自己运气太差。那么，不妨读读这篇文章：

生活是极不愉快的玩笑，不过要使它美好却也不是很难。为了做到这点，光是中头彩赢了几十万元、得了“白鹰”勋章、娶个漂亮女人、以好人出名，还是不够的——这些福分都是无常的，而且也很容易习惯。为了不断地感到幸福，甚至在苦恼和愁闷的时候也感到幸福，那就需要：善于满足现状；很高兴地感到：“事情原来可能更糟呢”，这是不难的。

要是火柴在你的衣袋里燃起来了，那你应当高兴，而且感谢上苍：多亏你的衣袋不是火药库。

要是有穷亲戚上别墅来找你，那你不要脸色苍白，而要喜气洋洋地说：“挺好，幸亏来的不是警察！”

如果你的妻子或者小姨练钢琴，那你不要发脾气，而要感谢这份福气：你是在听音乐，而不是听狼嚎或者猫的音乐会。

你该高兴，因为你不是拉长途马车的马，不是寇克的“小点”，不是旋毛虫，不是猪，不是驴，不是茨冈人牵的熊，不是臭虫。

如果你不是住在边远的地方，那你一想命运总算没有把你送到边远的地方去，你岂不觉着幸福？

要是你有一颗牙痛起来，那你就该高兴：幸亏不是满口的牙都痛起来。

你该高兴，因为你居然可以不必读《公民报》，不必坐在垃圾车上，不必一下子跟三个人结婚。

要是你被送到警察局去了，那就该乐得跳起来，因为多亏没有把你送到地狱的大火里去。

要是你挨了一顿桦木棍子的打，那就该蹦蹦跳跳，叫道：“我多么好运，人家总算没有拿带刺的棒子打我！”

要是你的妻子对你变了心，那就该高兴，多亏她背叛的是你，不是国家。

依此类推……朋友，照着我的劝告去做吧，你的生活就会欢乐无穷了。

这篇文章是契诃夫《散文》中的一篇，原本是契诃夫对企图自杀者的进言。一般人看了以后都会忍俊不禁，幽默诙谐当中的确蕴含了丰富的哲理，寄寓了他对真诚生活的向往。

小雨是一个只有师范中专学历的女孩子，但她从不因为这一点而气馁。她参加了一个职业训练班。在训练班里，她表现得热情而专注，开朗而主动，细心而认真。不论是谈自己的观点，干训练中的诸如清洁之类的事情，还是后来的社会实践活动，她都表现得乐观而积极。

她中专毕业后应聘在当地的一家公司，这是她踏入社会的第一站，她非常地珍惜，所以投入了她全部的干劲与热忱。尽管这家公司终因经营不善而倒闭了，她却一直在公司坚持到最后一刻。

踏入社会的第一份工作成了无言的结局，但是她却认为这也是一份收获，她在其中学到了在学校没有学到的东西。在公司最艰难的时刻，许多与她一起到公司的同学都相继走了，她却选择了留下，与公司一起坚持到最后一刻。她相信仅凭这一点，她再找一份工作并不难。不出所料，她去了深圳，一个星期后，她便被一家船务公司录用，试用期月薪1500元。她在那里做得很开心，和领导与同事们的关系相处得很融洽。

其实，伸展开来，我们可以想：

如果虚度了今天，那么就暗自庆幸，还有明天，可以重新开始。

如果错过了太阳，不要流泪，不然就要错过群星了。

如果正在刮台风下雨的时候，我们正在街上，把雨伞打开就够了，犯不着去说："该死的天，又下雨了！"这样说对于雨滴、对于云和风都不起作用。我们不如说：多好的一场雨啊！这句话对雨滴同样不起作用，但是它对我们自己有好处，同时也可以把快乐传递给别人。

深圳的一次"城市精英"培训班上，有一个公司的总经理在公众面前谈他的成功经验时说："我其实没有什么成功经验。到今天为止，40多年来，我每天做的都是很平常的事情。每天我都按计划做我每天的事情，一件事情做完了，接着再做下一件事情。"

"走到今天，应该说我对自己还是满意的，因为，我计划中的目标都实现了。我在深圳有自己的房子、车子、公司，最近又将父母接到了身边，我感到生活让我平实地走了过来，我对生活也充满着挚爱，我在生活中学会了平常的付出，而生活却给了我超常的回报。"

◆生活是一面镜子，我们对它笑，它就对我们笑；我们冲它哭，它就冲我们哭。是哭是笑，取决于我们对它的态度。每天对自己笑一笑，就会笑出一份好心情，笑出一份自信。每天对自己笑一笑，就会拥有好心态。

只要凸显优势，就可以高人一等

你没有必要做一个万事亨通的通才，只要做一个专业精湛的专才同样令人钦佩。那些不擅长的事也许令你感到很难为情，但你擅长的一面或许更令人刮目相看。弱势和优势总是互补出现的，感谢那些缺憾，让你的优势成为你的竞技王牌。不求面面俱到，只求独当一面。

在广袤的草原上，一只小羚羊忧心忡忡地问老羚羊："这里一望无际，没遮没拦的，我们又没有锋利的牙齿，难道天生就要成为狮子、老虎的腹中物不成？"老羚羊回答："别担心，孩子，我们的确没有锋利的牙齿，而我们却拥有可以高速奔跑的腿，只要我们善于利用它，即使再锋利的牙齿，又能拿我们怎么样呢？"

人生的诀窍就是要善于经营自己的长处。微软公司总裁比尔·盖茨的最高文凭是中学，因为在哈佛大学他没读完就经营他的电脑公司去了。他是及早发现自己的长处，并果断地去经营自己长处的人，他成为世界首富不足为奇。

你也许相貌平平，但你不应该自卑，也许在某方面你存在着惊人的潜力，只是你并没有发觉罢了。正视自己，更深层地挖掘潜力，相信天生我材必有用，是金子就一定会发光。

游鱼只有在水中才能找到自己的乐园；飞鸟只有在天空中才能自

由飞翔；老虎只有在山中才是百兽之王；农民出演教授，总有些找不到感觉；画家创作歌曲，味道总有些不专业……世上万物依靠自己独有的特长成为万物中的一员，在永恒的生存竞争中占得一席之地。假如它们抛弃自己的长处，就只能在生存机会的竞争中成为优胜劣汰的牺牲品。

在人生的坐标系里，一个人如果站错了位置，用他的短处而不是长处来谋生的话，那是非常遗憾的。

大投资家、“股神”巴菲特的一个成功秘诀是：不投资自己不熟悉的行业。这也是成功人士的一个共同特点。无论是进行金钱投资还是智力投资，在自己熟悉且胜任的行业，总是比较容易获得成功。

富豪佐川清出生于一个富裕家庭，8岁那年，母亲因病去世，他跟继母的关系不好，中学没毕业，就赌气离家出走，到外面自谋生路。

最初，他在一家快递公司当脚夫。那时的快递公司一般没有运输工具，主要靠搭车和走路，对体力要求比较高，非常辛苦。

当了20年脚夫后，佐川清35岁了。他想，自己年龄不小，应该拥有一份属于自己的事业。干什么好呢？别的行业他不懂，最好还是从自己最拿手的项目开始。于是，他在京都创办了“佐川捷运公司”。公司只有一位老板和一位员工，都是佐川清自己。公司的资产是他强壮的身体。应该说，这是真正的白手起家，从零起步。

佐川清的优势是，他在这一行已有20年经验，知道怎样拉生意和跟客户打交道，也知道怎样把事情做好。度过最初的艰难时期后，他成功地打开了局面。后来，他承接的生意越来越多，一个人忙不过来，开始雇用职员，还买了两辆旧脚踏车做运输工具。再后来，“佐川捷运公司”发展成一个拥有万辆卡车、数百家店铺、电脑中心控制、现代化流水作业的货运集团公司，垄断了全国的货运业，并且将生意做到国外。佐川清本人也成为著名财阀之一。

在一般人看来，当脚夫是比较低贱的职业，不可能有出息。其实，天下没有什么低贱职业，只要你做得比别人更好，在任何行业你都能成功。怎样比别人做得更好呢？勤奋与敬业必不可少，但只有这两条还远远不够。你最好把努力方向定在自己的强势项目上。

对没有经验的新人来说，你的天赋即是你的强势项目。这是你最容易出成果的地方。伟大的人物并不是每个方面都很优秀，只是将他们最好的一方面发挥出来。所谓人才，其实就是做了他们能做好的事，将他们才能上的优势方面表现出来。

尺有所短，寸有所长。从现在起，发现你的优势。不管你目前担任什么样的角色，知道自己的优势对成功很重要。每个人都有他自己尚未发现的内在优势，你也有！

做人最无谓的“痛苦”就是对自己不满意。每个人的特点各不相同，没有哪个人可以在所有领域取得成功。因为自己在某一方面不如别人而灰心丧气，不但会自己浪费时间，而且会让自己错过在其他方面展示才华、获取成功的机会。

◆人们常常花上几十年的时间从事某项工作，却很少花上几个小时考虑自己在这个工作中拥有哪些优势。优势或者天赋表现在如果你在持续地做某件事时，你能够乐在其中。就是说，优势在工作本身中就能够获得。

将来有啥可怕，做好自己就赢了

佛家认为，“物随心转，境由心生”。一个人有什么样的精神状态，必然会有什么样的生活现实。心态决定思想，思想决定行为，行为决定习惯，习惯决定品格，品格决定命运。

贝多芬学拉小提琴时，技术并不高明，他宁可拉他自己作的曲子，也不肯做技巧上的改善，他的老师说他绝不是个当作曲家的料。

爱因斯坦4岁才会说话，7岁才会认字；老师给他的评语是：“反应迟钝，不合群，满脑袋不切实际的幻想。”他曾遭到退学的命运。

罗丹的父亲曾怨叹自己有个白痴儿子，在众人眼中，他曾是个前途无“亮”的学生；艺术学院考了三次还考不进去。他的叔叔曾绝望地说：“孺子不可教也。”

托尔斯泰读大学时因成绩太差而被劝退学，老师认为他“既没读书的头脑，又缺乏学习的兴趣”。

这些，都是我们熟悉的名人，他们的共同点是：当别人瞧不起自己时，不是以怯懦示人，而是勇敢地面对，并且挑战自己。面对挫折，我们也应如此。

人的一生，是一次远足的旅程。在漫长的旅途中，也许你拥有过阳光，拥有过鲜花和掌声，使你在别人眼中发出绮丽的色彩；也许你曾受到过无情的打击，曾经因挫折而暗淡过，或因某一次的失败而伤感过。甚至你会因自己的暗淡而自卑，因无名的伤感而失掉对工作或生活的信心。或者你已经被挫折打垮了，只要再遇见一次，你可能就会让自己的思想瘫痪。你觉得你的旅程荆棘丛生，你的天空阴霾蔽天。

人一生是由幸福和悲伤、成功和失败、欢乐和痛苦交织而成的，只有当你经受得住成功和失败的考验，才能展示你的真正价值。

一个商人在翻越一座山时，遭遇了一个拦路抢劫的山匪。商人立即逃跑，但山匪穷追不舍。走投无路时，商人钻进了一个山洞里，山匪也追进了山洞里。

在洞的深处，商人未能逃过山匪的追逐——黑暗中，他被山匪逮住了，遭到一顿毒打，身上所有钱财，包括一把准备为着夜间照明用的火把，都被山匪掳去了。

幸好山匪并没有要他的命。之后，两个人各自寻找着洞的出口。这山洞极深极黑，且洞中有洞，纵横交错。两个人置身洞里，像置身于一个地下迷宫。

山匪庆幸自己从商人那里抢来了火把，于是他将火把点着，借着火把的亮光在洞中行走。火把给他的行走带来了方便，他能探清脚下的石块，能看清周围的石壁，因而他不会碰壁，不会被石块绊倒。但是，他走来走去，就是走不出这个洞。最终，他力竭而死。

商人失去了火把，没有照明，他在黑暗中摸索行走，十分艰辛，他不时碰壁，不时被石块绊倒，跌得鼻青脸肿。但是，正因为他置身于一片黑暗之中，所以他的眼睛能够敏锐地感受到洞口透进来的微光，他迎着这缕微光摸索爬行，最终逃离了山洞。

身处黑暗的人，磕磕绊绊，却最终走向了成功。眼前光明一片，却让人迷失了前进的方向，终生与成功无缘。关键不在是否拥有火把，在于持火把前进中的人的态度、信念与思维方式。

从容地做好自己，需要适时地放手。

非洲土人用一种奇特的狩猎方法捕捉狒狒：在一个固定的小木盒里面，装上狒狒爱吃的坚果，盒子上开一个小口，刚好够狒狒的前爪伸进去，狒狒一旦抓住坚果，爪子就抽不出来了，人们常常用这种方法捉到狒狒。因为狒狒有一种习性，不肯放下已经到手的东西。

人们总会嘲笑狒狒的愚蠢：为什么不松开爪子放下坚果逃命？但审视一下我们自己，也许就会发现，并不是只有狒狒才会犯这样的错误。

因为放不下到手的职务、待遇，有些人整天东奔西跑，荒废了正当的工作；因为放不下诱人的钱财，有人费尽心思，结果常常作茧自缚；因为放不下对权力的占有欲，有些人热衷于溜须拍马、行贿受贿，不惜丢掉人格的尊严，一旦事情败露，后悔莫及……

“放下就是快乐”是一个开心果，是一粒解烦丹，是一道欢喜禅。只要你心无挂碍，什么都看得开、放得下，何愁没有快乐的春莺在啼鸣？何愁没有快乐的泉溪在歌唱？何愁没有快乐的白云在飘荡？何愁没有快乐的鲜花在绽放？！

美国著名成功学家威廉·詹姆斯说过：“我们这一代人的最大发现是人能改变心态，从而改变自己的一生。”

卓越之人的最大优点是：在不利与艰难的遭遇里百折不挠。挫折是磨炼意志、增加能力的好机会。人要学会走路，也要学会摔跤，而且只有经过摔跤，才能学会走路。

◆人生中，让你疲惫的不是一座山，而是鞋中的一粒沙。拥有积极心态，我们就能轻松地到达自己的高峰。超越挫折，真的没有你想象的那么难。当挫折成为前进路上的加油站，前途一定光明无限。

此路若不通，那就换条路试试

失之东隅，收之桑榆。很多时候，埋没天才的不是别人，恰恰是自己。成功的路径不止一个，不要循规蹈矩，更不要放弃成功的信心，此路不通，就该换条路试试。

这是一个真实的故事，故事的主人翁叫毕诚。他是一位万众瞩目的资深学者。然而，谁也没想到，他曾经是一名工程兵。

高中毕业后，毕诚参军入伍，当了一名工程兵。在部队，晨操午练，摸爬滚打，一晃就是5年。

5年中，他经历过太多的磨难：坑道塌方脚趾骨被砸断的钻心疼痛；涵洞倒塌，被掩埋48小时后死里逃生的劫难；母亲病故却不能送别的心灵折磨……5年中，他一直努力工作，踏踏实实，勤勤恳恳，默默奉献。他没有请过一天假，没有回家探过一次亲，没有挨过一次批评。尽管如此，他也没有受到部队的重用，没有得到过一次嘉奖、入党或提拔。

5年的当兵生涯令他陷入茫然。经过内心苦苦的思索，他终于意识到，部队并不是他唯一的选择，他应该重新选择一条真正适合自己的道路。终于，他提出复员申请，回到家中，重新开始读书。

功夫不负有心人。一年后，他如愿考上了北京师范大学，接着他又攻读了研究生、博士生。如今，他已是国内外学术界具有一定影响的教育学专家，中国教育科学研究所研究员，培训中心主任，北京大学博士生导师。中央电视台《人物》栏目曾这样评价他：“在教育理论、教育史、比较教育学等研究领域具有较深的造诣，参与并主持国家级、部级课题四十余项，出版学术著作数十余部，发表领导性论文二百多篇。他是中国第一批教育学博士，他是继孔子之后中国自主办学的第一人，他是中国后现代主义教育理念变为现实的带头人。”

5年部队的生涯给了他很好的历练，也给了他一生的财富。他以5年的青春代价悟出了一个道理——此路不通，换条路走。

人生的选择其实有很多偶然，初始的选择常常并不是最终的选择。此路不通，就换条道走，你一定会找到属于自己的方向。

有一个在金融界工作的朋友，立志要读中国人民银行总行的研究生。三大部《中国金融史》几乎被他翻烂了，可是连考数年都未考中。然而，在这期间不断有朋友拿一些古钱向他请教，起初他还能细心解释，不厌其烦。后来，问的人实在太多了，他索性编了一册《中国历代钱币说明》，一是为了巩固所学的知识，一是为了给朋友提供方便。是年，他依旧没有考上研究生，但是，他的那册《中国历代钱币说明》却被一位书商看中，第一次就印了一万册，当年就销售一空。现在这位朋友已经是中产阶级了。

日常生活中，我们总是喜欢朝着自己既定的目标奋力拼搏，但却不是每个人的愿望和理想都能实现。那些搏击一世却未获成功的人，会不会是因为他生命中真正精华的部分被自以为“不是最好的”，而从未得以展示呢？

李宇明是华中师大的一位年轻教授，刚结婚不久，妻子就因为患类风湿性关节炎成了卧床不起的病人。生下女儿后，妻子的病情更重了。面对常年卧床的妻子、刚刚降生的女儿、还没开头的事业，李宇明矛盾重重。一天，他突然想到，能不能把自己的研究方向定在儿童语言的研究上呢?

从此，妻子成了他的最佳合作伙伴，刚出生的女儿则成了最好的研究对象。家里处处都是小纸片和铅笔头，女儿一发音，他们立刻作最原始的记载，同时每周一次用录音带录下文字难以描摹的声音。就这样坚持了6年，到女儿上学时，他和妻子开创了一项世界纪录：掌握了从出生到6岁半之间儿童语言发展的原始资料，而国外此项纪录最长的只到3岁。1991年，李宇明的《汉族儿童问句系统习得探微》的出版，在国内外语言界引起了震动。

每个人的一生都会经历波澜。面对现实，有时需要我们改变认识，才会柳暗花明，峰回路转。古语有云：“塞翁失马，焉知非福。”学会换个角度看问题，适时地改变方向，换条路走，或许你的春天很快就会到来。

◆你不能要求拥有一个没有风暴的人生海洋，因为痛苦和磨难是人生的一部分。一个没有风暴的海洋，那不是海，是泥塘。（毕淑敏）

想要战胜别人，先跟自己较较劲儿

“战胜自己，我便是强者。”这是奥运会双料冠军张怡宁常说的一句话，更是乒坛“大姐大”邓亚萍夺金的关键。“战胜自己，我便是强者。”这句话的意思是说，无论你遇到挫折，抑或身处逆境，都应该顽强拼搏，有战胜困难的自信和勇气，那样的你，就是一个强者，一个谁都打不败的强者。

想想历史上伟大的人物和那些有建树的人们，哪一个不是对自己信心十足，具有顽强毅力的呢？如果爱迪生因为一次次失败而灰心了，那么他还能成为举世闻名的发明大王吗？如果爱因斯坦因为别人的嘲笑而放弃了自己的信念，那么他还能提出相对论，成为诺贝尔物理学奖的获得者吗？

这个世界上谁是真正能够打败你的人？唯有你自己！

在人生的旅途中，我们不能轻易服输，相信只要自己努力就没有什么战胜不了。然而，太多的时候，面对恶劣的环境，面对天灾人祸，面对重重的困难和挫折，是我们在心理上首先否定了自己，因而选择了放弃，选择了失败。

一支小分队在一次行军中，突然遭到敌人的袭击，混战中，有两位战士冲出了敌人的包围圈，结果却发现进入了沙漠。走至半途，水喝完了，受伤的战士体力不支，需要休息。于是，同伴把枪递给伤员，再三吩咐："枪里还有五颗子弹，我走后，每隔一小时你就对天空鸣放一枪。枪声会指引我前来与你会合。"说完，同伴满怀信心找水去了。躺在沙漠中的伤员却满腹狐疑：同伴能找到水吗，能听到枪声吗，会不会丢下自己这个"包袱"独自离去？

暮色降临的时候，枪里只剩下一颗子弹，而同伴还没有回来。受伤的战士确信同伴早已离去，自己只能等待死亡。想象中，沙漠里秃鹰飞来，狠狠地啄瞎了他的眼睛、啄食他的身体……结果，他彻底崩溃了，把最后一颗子弹送进了自己的太阳穴。枪声响过不久，同伴提着满壶清水，领着一队骆驼商旅赶来，找到了一具尚有余温的尸体……

那位战士冲出了敌人的枪林弹雨，却死在了自己的枪口下，让人扼腕叹息之余不免警醒：不要轻易地对生活绝望，只要你不放弃希望，不放弃努力，就有获得重生的机会。

有时，面对困难，我们常常退缩，理由是困难太大；面对竞争，常常逃避，理由是对手太强；面对责任，我们常常推卸，理由是担子太重；面对坎坷，我们常常……不错，人生给我们的太多太多，而我们用以逃避的理由也同样太多太多。我们为什么不敢正视这一切？是因为我们无法战胜自己内心的种种怯弱、担忧、自卑以及恐惧！

人的本性是这样的，人的本性注定我们的内心有许多的不坚强；自己，往往是最可怕的对手，是最无底的沟，是最看不透的迷雾。为了成功，我们必须战胜自己，自己是通往成功的最后一道屏障。

古希腊有一位演说家，起初他由于口吃，常常被对手驳斥得无还击之力而遭到嘲笑。也许，有很多人会说这是他自己的能力无法达到的，放弃才是明智的选择。然而，就是这位演说家，每天清晨坚持演说，经过不懈的努力，他成为当时最为著名的演说家。

由此可见：天生的不足，别人的嘲笑，以及种种的理由，都不是阻碍你成功的荆棘，唯有你自己为了安稳享乐，为了蝇头小利，为了达到暂时的满足，而放弃了坚持、奋争，才会让你永远地无法超越。

大家都知道海伦，都知道爱迪生，也知道卧薪尝胆的故事，不错，古往今来，无数的成功者都是对“战胜自己”最完美的诠释。如果你还在退缩，请快点明白，战胜自己是如何紧迫；如果你还在犹豫，请看看那些胜利者是如何一步步走来；如果你已经在向自己挑战，那你要坚持，成功最终会敞开胸怀的！

使人痛苦的原因很多，或者来自感情生活的挫折或不幸；或者来自理想追求的挫折；或者来自丧失亲友的悲痛，等等。无论由何种原因引起的痛苦，其共同的情绪体验是，陷入情感上的悲哀、矛盾、忧虑而不能自拔。

因此，要消除痛苦的情绪，首先，必须战胜自己。假如让自己陷入痛苦中，对解决问题不仅无任何补益，还会使情绪更糟糕。相反，学会劝慰自己，跟自己较把劲儿，你就会重新振作起来。

◆世界怎么对你，完全掌控在你自己手中。当你让自己变得足够优秀的时候，全世界都会为你送上祝福。女人要记住：煲汤比写诗重要，才艺比男人重要，内心强大比什么都重要。没有任何事情可以成为你的不美的借口。

第九章

淡看名利，生命将步履轻盈

每个人都可能遭受情场失意、官场失位、商场失利等方面的打击；每个人都会经受委屈时的苦闷、挫折时的悲观、选择时的彷徨，这就是人生的真实面目，这也才是真的百味人生。那么，如何承受打击，如何面对失败，是你人生的最大挑战。

为此，你需要一种定力，一种处风云而不变的淡然。这种发自你内心的力量才是你成就自我的原始力量。因为真正促使你昂首向前的，不是顺境和优越，而是发自心底的恬淡。

你有你的特质，谁都无法复制

在这世上，每个人都是独一无二的，所以你该相信自己，相信天生我材必有用。

要坚信你所做的事，别人不一定做得来；而且，你之所以为你，必定有些相当特殊的地方——我们姑且称之为特质吧，而这些特质又是别人无法模仿的。要是你不相信的话，不妨想想：有谁的基因会和你完全相同？有谁的个性会和你一毫不差？

基于这种种重要的理由，我们相信：自己存在这世上的目的，是别人无法取代的。所以，只要认准了前方的路，确立好自己人生的目标，然后向着目标心无旁骛地前进，相信你一定会到达成功的彼岸。

当然，不要幻想生活总是那么圆满，也不要幻想在生活四季中享受所有的春天，因为每个人的一生都注定要跋涉沟沟坎坎，品尝苦涩与无奈，经历挫折与失意。

生活中的不幸，在人生中或许是不可避免的，但这些不幸早晚都会过去的，时间会冲淡痛苦的感觉。把“这没有什么了不起的”这句话在心中重复几次。绝不能因为一时不幸的打击，就变得憔悴万分，要振作起来，干你自己应该干的事情。

不过，有时候别人会怀疑我们的价值，所谓“三人言而成虎”，久而久之，连我们都会对自己的重要性感到怀疑。请你千万不要让这类事情发生在你身上，否则你会一辈子都无法抬起头来。

记住：自信是前进的动力。所以，请放心大胆地去做吧！并且始终坚定不移地相信：我一定行！20世纪心理学上最伟大的发现，就是一个人可以通过自我肯定来塑造一个真实的自己。

记住：你生来就是一名冠军！你是天生的赢家！

乔博士是一位很有名的专栏作家与心理学家。他说："一个人的自我观念是人格的核心。它会影响人的行为，例如学习、成长与变化的能力、选择朋友、配偶与职业等等。坚强的、积极的自我形象，是成功的最坚实的基础。"

他还说："虽然命运也跟我开了太多的玩笑，比如父亲遭遇车祸受伤，比如高考失误让我有坠入谷底的痛楚……但玩笑之后，我更懂得珍惜青春与生命，学会笑对人生中的不幸和苦难。因此有个曾供职于《东方》文化周刊的编辑说我是个'强者'，'强者'我不敢当，但我还算是个足够坚强的人。"无论多少压力冲向自己，都时时告诫自己："不能够停止飞翔，在飞行的过程中，我要渐渐学会用喙自己梳羽毛，用舌自己舔伤口。"

你如果希望自己变成更自信的人，你不妨经常告诫自己：我是最棒的！我是最好的！当你脑海中重复想象自己最有自信的时候，你可能会看到画面，听到声音。没多久，你就会发现，自己变得真的很有自信，你的行为也都会配合着你的思想去行动。你的思想改变，行为就会改变。

我们无时无刻不需要向人展现我们的信心，无时无刻不在表现我们的希望和担忧。我们的名望以及他人对我们的评价，将会与我们的成功息息相关。如果别人不相信我们，如果别人因为我们经常表现出缺乏自信、消极软弱而认为我们无能和胆小，那么，我们将不可能得到别人的信任与支持并因此而获得成就。

如果我们养成了一种坚定自信的习惯，那么人们就会认为，我们将会比那些缺乏自信或那些给人以软弱无能、自卑胆怯印象的人更有可能赢得成功。

信心能够感染你周围的人，更能带来成就和财富。如果你是位领导者或发起人，你的信心将会直接影响下属和跟进者的信心，特别是在关键时刻，就更应该表现出你的自信与冷静。如果你本人都已经丧失了信心，其他人一定会更加慌乱，更加不知所措。

换句话说，自信和他信几乎同等重要，要使他人相信我们，我们自身首先必须展现强烈的自信和必胜的精神。

以自信的心态自居的人，以胜利者心态生活的人，以征服者心态傲行在世界上的人，与那种以缺乏自信、卑躬屈膝、唯命是从的被征服者心态生活的人相比，他们的人生路将会有天壤之别。

当时拿破仑兵败被流放到一个小岛上。当拿破仑从那逃出来后，国王又派人去抓他，拿破仑的几个贴身随从看到那些国王的士兵已经近在眼前，都劝他快跑，而拿破仑却说："我是他们的元帅，他们都是我的部下，我不跑。"拿破仑不仅没有逃跑，反而表现出了非凡的自信，还以元帅的气度去命令指挥他们，结果那些士兵反而倒戈跟随他回去打国王了。

世人都会青睐那种极具自信且有胜利者气度的人，总是喜欢那种给人以必胜信心并总是在期待成功的人。

令人信服和给人以充满活力形象的正是我们身上那种神奇的自我

肯定的力量。要知道，思想积极的人才富有魅力，思想消极的人则使人反感，而胜利者总是在精神上先胜一筹。

还有一些人往往给我们留下这种印象，虽然他们没有取得成功的十分把握。但他们却能凭借其非同寻常的自信与积极良好的心态，而能够超常发挥，出奇制胜。

◆每个人都要充分肯定自己。你认为自己是怎样的人，就会有怎样的表现，这两者是一致的。你觉得自己是个有价值的人，结果你就会变成有价值的人，做有价值的事。

做好自己，让别人来羡慕你

假如有人讨厌你，不必因此就怀疑自己、否定自己。因为，无论你做得多么好，都不可能让所有人满意。所以，关键要做好自己。

有一句话说得好：这个世界上的人大概可以分为三种，一种是无论你做什么都觉得你最好的人，那些是你的亲人或朋友；一种是无论你做什么都讨厌你的人，那些人是看不惯你的人；还有一种是一会儿路转粉，一会儿粉转路的人。我们要珍惜的就是第一种人。

对于那些无论你做什么都讨厌你的人，你根本无须在意。你只有从行动到心里都完全无视这些人，你才能真正做到淡然一笑，然后，好好地投入自己热爱的事情上去。你和她们一起站在山脚下的时候，她们的声音会影响到你，但是当你努力爬到山顶，她们即便还在山下对你各种指责，你也听不到了。因为，你已经在山顶欣赏独有的风光了。

真实的自我，也在别人眼中。至于别人对我们的眼光，常常反映的也是他们自己的心理状态：有人就是愤世嫉俗、怨天尤人，看谁都是一样的不满，对我们当然也不会例外；有人过于主观，常是以偏概全，认识我们没有三分钟，就已经对我们抱有成见了；还有人根本不在乎别人，对这样的人而言，我们怎样表现都好，怎样表现也都不好，反正他是看自己心情说话的人。如果我们过于在乎这些人的想法，只会显示出对自己太没有自信，更是徒增自己的烦恼罢了。

当然，还有另外一些人，比如我们的父母、长辈或是朋友，他们是真心关爱、在乎我们的人。如果用心聆听他们的想法或建议，对我们自己会有很大的助益，因为他们是真心为我们着想的人。不过，即使是做父母的也未必能够完全了解自己小孩的需要，有时候父母也常会因为自己的局限，而对小孩有着某种过度期待，更别说是其他人了。所以，即使是那些爱我们的人，我们虽然能够了解、体会他们的心情，但是对于他们所做的建议、分析，还是得要经过我们自己的检讨、过滤才行。毕竟，要对自己负责，最了解自己的，往往还是自己。

这倒不是说，那些不是为我们着想的人，我们就不必在乎他们的想法了，只是说我们得清楚地知道别用情绪来回应别人个性、习惯上的不圆满，才能平心静气地去接受那些对我们有益的建议。至于对那些关心我们的人，彼此的关系应该是分享与聆听，并不是遵从对方的期待而改变。对于那些真是不能接受或是无法达成的期待，还是得要适时地拒绝才行，否则就容易成为关系中造成决裂的隐藏炸弹。也有些时候，我们的理想与那些关爱我们的人相抵触，或许自己非常清楚为什么要做这样的选择，清楚地知道将来的发展，但是别人并不知道，如果我们要坚持自己的选择，也得要尽力沟通清楚才好。

总而言之，与他人的互动中，别人对于我们的所作所为，都会有他们自己的想法。在我们聆听别人的意见时，先要了解他们对我们的心情是什么，然后再仔细考量他们的建议是否适合。

我们总是应该要听听别人对自己的想法或建议是什么，但是永远要记住的是，我们无法满足所有人的期待；而且最终的目的，是透过别人，像是照着镜子一样看清楚自己，然后表现出真实的自己，并不是一味地把自己塑造成别人眼中完美的形象。

有个人养了一头驴和一只哈巴狗。驴子负责干活，哈巴狗整天陪着主人逗主人开心。

驴子被关在栅栏里，每天都要到磨坊去拉磨，到树林里去驮木材，工作繁重。而哈巴狗会演许多戏，很得主人的欢心，并且每次它表演完毕都能得到主人的奖励。驴子看到这一切，心里为自己鸣不平，经常抱怨命运对自己不公平。

有一天，机会终于来了。驴子用尽全力挣断缰绳，跑进主人房间，学哈巴狗趴到主人身上，并殷勤地舔主人的脸。驴子的举动可把主人吓坏了，不停地喊救命。

大家听到主人的喊声，急忙赶到，把驴一顿痛打。驴子不仅没有得到任何奖励，还被关进了栅栏。无论驴子怎样忸怩作态，都不及哈巴狗可爱，甚至它都不如从前的自己。

这个故事讽刺了那些一味效仿别人的人。盲目地效仿别人反而会迷失了自己。所以，与其效仿别人不如做好自己。自己做好了，自会有别人来羡慕你。

◆每个人都有各自的特点，都有适合自己的工作，也有不适合自己的工作。别人能做得好的，自己未必就能做得好。所以，我们把别人想得再好，都不如专心致志地做好自己能做好的工作，让别人来羡慕你。

不怕输，你才能成为人生的赢家

胜败乃兵家常事。在人生的征途上，从起点到终点，迎接我们的既有鲜花和阳光，也有荆棘和阴霾，如果我们因为害怕挫折、害怕失败而放弃尝试，那就永远也不可能成功。

失败如同新鲜空气中夹杂的沙子，如果你因为害怕沙子而关掉窗户，你就永远得不到新鲜空气。想赢就不要怕输，输并不可耻。相反倘若能正确地看待失败，并从中总结出经验和教训，才能离成功更进一步。

亚伯拉罕・林肯是美国第16任总统，也是世界历史上的伟大人物之一。他的一生是不平凡的一生，从他的人生经历中我们可以深刻地体会到他的人生格言："要想成功就不怕失败。"

1809年2月12日，林肯出生在肯塔基州哈丁县一个清贫的农民家庭中，为了谋生，年轻的林肯走上了从商的道路，不料22岁那年，他生意失败，损失惨重。于是1832年，林肯应征入伍，退伍后，当地居民推选热心公务活动的林肯为州议员候选人，但是他的初次竞选没有成功。于是他再次走入商业，可惜的是由于投资失败，他的生意再次以失败告终。不过这些都没有让年轻的林肯心灰意冷，他利用闲暇时间大量阅读历史和文学书籍，希望通过自我提高而有机会能够再次竞选州议员。工夫不负有心人，由于他对公众事业的热心，以及他精彩的政治演说，终于在1834年被选为州议员。

然而，就在他的事业刚刚有所抬头的时候，他的未婚妻去世，带给他巨大的伤痛。林肯在其27岁那年精神崩溃，不得不在家休养。29岁那年，林肯参加州议长竞选，由于准备不充分等原因，这次竞选失败。34岁那年，林肯参加国会议员的竞选，依然以失败告终。事隔3年，林肯再次参加国会议员竞选，3年前的失败给了他准备方向和竞选的经验，这一次他成功了。然而，在连任国会议员的大选中，林肯又惨遭失败。

共和党成立以后，林肯加入并在1856年参加了共和党的副总统候选人竞选，他坚持奴隶制应该废除，但必须通过和平的方式来废除。他的这次竞选虽然没有成功，但大大扩大了政治影响，为他将来的政治旅途铺平了道路。经过数年的坎坷的探索，1860年，林肯成为共和党的总统候选人。同年11月，选举揭晓，林肯以200万票当选为美国第16任总统。遥想他之前的政治生涯，历经过多少次失败，才有了今天的成功。可以说，是一种神秘的力量将林肯从小木屋推向了白宫，而这种神秘的力量就是不服输的精神。

马克思曾高度地评价过林肯："他是一个不会被困难所吓倒，不会被失败所挫败，不会被成功所迷惑的人。他不屈不挠地迈向自己的伟大目标，而从不轻举妄动，他稳步向前，而从不倒退。"

对于我们普通人也是如此，我们不应该害怕失败，失败并不是说明你不行，而是在你成功的道路上对你的锻造。哪一块金子不是通过千锤百炼才出炉的呢？人的一生，不是随随便便就能成功，谁不是经历了风雨才能见到彩虹的？事业的失败，婚姻的失败，学业的失败都算不了什么，这些或许都是为了你人生的成功而不得不经历的锻造。记住，无论在哪输了，就要在哪爬起来，继续前进。如果害怕失败而驻足，那么永远也看不到美好的终点。

失败并不可怕，可怕的是失败之后的一蹶不振。谁也不会盼望失败，毕竟是一件痛苦沮丧的事情，但是因为我们无法避免，所以我们只能勇敢接受。沉湎于过去的失败根本解决不了任何问题。如果林肯因为以前竞选失败从此不再涉足政治，恐怕美国历史上就缺少了一个如此优秀的总统，甚至连美国的历史也将重新谱写。

所以，无论身处何种境地，都不要害怕失败。失败并不是没有一点好处的，起码从失败中我们可以吸取经验、改正缺点。要记住：失败是成功之母。能直面失败的人，离成功也就不远了。

◆努力经营好自己的每一天，幸福不在别人的嘴里。生活不会为任何事而停留，去做你想做的事。你以为你无法战胜，事实证明，你可以战胜。你以为你不能，但是事实将告诉你，你可以。

带着兴趣生活，人生就是天堂

歌德说：如果工作成为一种兴趣，人生就是天堂。一般来说，兴趣是人生的航标灯，如果一个人一直从事着自己不感兴趣的工作，但又没办法改变现状，他就会对生活失去热情，心理压力就会逐渐加大。

许多研究证明，较强的能力并不是事业成功的保证。一个人的兴趣、爱好、动机、价值观等情感因素对事业的成功有着巨大的推动作用。在这些因素中，又以兴趣爱好所起的作用为最大。你在选择事业时，不仅需要知道自己的能力有多大，也需要知道自己对哪类工作感兴趣，符合自己的爱好。只有将能力和兴趣爱好结合起来考虑，才更有可能取得事业上的成功。

获得诺贝尔物理奖的美籍华人丁肇中说过："兴趣比天才更重要。"一个人如果根据自己的兴趣爱好去选择事业，他的主动性和能动性就会得到充分地发挥，巨大的潜力就会被充分挖掘出来。一个人所从事的事业如果正好与自己的兴趣爱好一致，那么他工作起来就会废寝忘食，如醉如痴，即使困难重重，也会兴致勃勃，不知疲倦地工作下去，绝不会灰心丧气，半途而废。

爱迪生几乎每天要在实验室里工作十几个小时，在那里吃饭、睡觉，但丝毫不以为苦，他说：“我一生中从未间断过一天工作。”“我每天工作其乐无穷。”难怪他有那么多的发明。英国著名女科学家古道尔从小喜欢生物，并逐渐对黑猩猩产生了强烈兴趣，于是她不畏艰险，只身进入热带森林与黑猩猩一起生活了十多年，掌握了极其宝贵的第一手资料，为揭开黑猩猩的秘密做出了贡献；化学家诺贝尔对炸药有着极强的兴趣，所以他才敢冒着生命危险研制炸药，终于取得了最后的成功……

美国曾对两千多位著名的科学家进行调查，发现很少有人是出于谋生的目的而工作，他们大多是出于个人对某一领域问题的强烈兴趣而孜孜以求，不计名利报酬，忘我地工作，他们的成功是与他们的兴趣爱好紧紧相联的。兴趣是成功的一个重要推动力，它能将你的潜能最大限度地调动起来，使你长期专注于某一方向，做出艰苦的努力，取得令人注目的成绩。

如果你具有从事某项事业的能力但缺乏兴趣，那么你在这项事业上成功的比率很小很小。你只有对某一种事业感兴趣，并具有该事业所要求的能力素质才能完成这项事业。具体来说，兴趣对你事业的影响主要来自三个方面。

以前，社会整体都是以努力工作为唯一的风气，兴趣并不怎么受人青睐，在那个时代对“我的兴趣是工作”，可能会回答：“是嘛，真令人钦佩。”但现在，不少人都变得追求兴趣了，一心只有工作的人不再受欢迎。

根据某一项调查，创业者的精神压力消除方法主要靠兴趣和娱乐。的确，兴趣爱好有助于消除精神压力，但是我推举兴趣并不仅出于此。兴趣与读书一样可以丰富人的心灵，换言之，可以扩大人的胸襟，培养出富有魅力的人性，进而扩大并加深与人的交往。

在企业当中，职员与企业主拥有相同的兴趣，会有助于填平彼此的鸿沟。双方关系非常要好的例子不少。参加钓鱼爱好者的聚会，一起去滑雪、冲浪，下围棋、象棋——这样的公司充满活力，毫无疑问会得到发展。没有兴趣的人即使只是不参加这些活动，也可以说是弱点。

兴趣对于公司以外的人际关系也发挥着威力。如果兴趣多，那么和什么人谈话都会投机，人缘就会不断扩大。与工作不同，有关兴趣的交谈会使彼此变得单纯，还可能会成为真心交往的契机。兴趣使人变得坦诚。

你想获得成功吗？那么请你在选择人生目标时，最好让它与你的兴趣一致，与你的爱好接轨。如果你的工作与自己的兴趣爱好不一致，而你又无力改变这种局面，那就想方设法爱上它，让它成为你所追求的事业。

◆生活是开水，不论冷热，只要适合的温度就好；生活是口味，不论酸甜苦辣，只要适合的口感，就好。生活是旋律，不论快慢，只要适合的听觉，就好；生活是季节，不论春夏秋冬，只要适合的心情，就好。生活是一种实实在在的生存，只要适合自己，就是最好。

第十章
不计得失，道路会越走越宽

得失寻常事，天理不可违。你越是不计得失，勇于牺牲，乐于奉献，往往社会越是给你丰厚回报；你越是得失坦然，荣辱不惊，去留无意，往往生活越是让你得失相当。

得从失中来，有失总有得。今天的事业有成，离不开昨天的含辛茹苦；现在的辛勤耕耘，孕育着未来的丰收在望；或许你破费的是钱财，换来的却是平安；或许你牺牲的是自我，赢得的却是人心。生活对谁都是公平公正的。只要你肯付出，终会有所回报。只要心宽阔，道路就会越走越宽阔。

先立足于眼前，再放足长远

失败是通往成功的天梯，虽然难走又总是使我们受伤，可是我们别无选择。要想成功，必须承受得起失败的打击。失败是成功的“前言”，你需要有勇气把它读完。

只有看得长远，才知道自己行进的方向。人最容易被眼前利益所迷惑，而失去了长远利益。不要被微小的成就所诱惑，因为那样会使你安于微小。

美国第九位总统威廉·亨利·哈里森小时候曾有一段时间被人认为很傻。为什么呢？邻居们做过这样的试验：拿出一个5分的硬币和一个10分的硬币，让小哈里森从里头挑一个。小哈里森每次都拿那个5分的，屡试不爽，大家均以此为乐。

一个外地人路过此地，听说这件事后，感到很奇怪，于是亲自试验了一回，果然和大家说的一样。外地人仔细观察小哈里森的言行后，拍拍他的肩膀笑着说：“小朋友，你一点也不傻，你很聪明。”小哈里森也笑了。外地人没有再说什么就走了，邻居们都感到有些纳闷。

后来，终于有人想明白了为什么：如果小哈里森拿了10分的硬币，下次就不会有人去做这样的试验了，他每次5分的收入就将终止。小哈里森原来是弃眼前的小利来保留长远的利益，小小年纪，就有这样的长远眼光，可真了不起！邻居们都赞叹不已。

一个人在成功的道路上要想走得远，首先他得站得高、看得远。只有看得长远，他才能对自己以后要做的事情心里有底，才知道自己行进的方向，以及需要为此采取的行动。

眼光长远的人往往不容易被眼前的得失所迷惑。有很多成功人士的例子都说明了这一点。他们有的面临着金钱的诱惑，有的经历了困境的阻挠。但他们往往能够执着于自己的梦想，从而摆脱眼前利益的诱惑，冲破困境的束缚。因为他们能够很清楚地看到未来的图景，所以他们能意志坚定，矢志不移。

短视者只能迎接失败，即使他们曾经拥有过很优越的条件。他们往往被眼前的利益所迷惑，在透支今天的同时，忘记或忽略了为明天播种，最后只能被明天抛弃。

眼前的利益或许更具诱惑力，但你必须知道有所失才能有所得，也许你暂时地失去了眼前的利益，但是你却能在未来的日子里收获甚丰。

所以，眼光长远的人往往能走在时代的前沿。他能看见别人所不能看见的东西，掌握事物发展的未来趋势，因而能先行一步。在我们这个竞争日趋激烈、创业变得很艰难的时代里，这是成功不可或缺的元素。

我们应该善加投资运用时间，以换取最大的健康、快乐与成功。时间总是不停地在运转，我们可以努力让每个今天都有最佳的收获。别让生命都用在等待之中。等20岁以后，等到大学毕业以后，等到结婚以后，等到买房子以后，等最小的孩子结婚之后，等把这笔生意谈成之后，等到退休以后……人人都很愿意牺牲当下，去换取未知的等待；牺牲今生今世的辛苦钱，去购买后世的安逸。许多人认为，必须等到某个时间或某件事完成之后，再采取行动。

然而，生活总是一直在变动，环境总是不可预知。现实生活中，各种突发状况总是层出不穷，我们永远不知道下一秒钟会发生什么事。

那么我们要如何面对生命呢？我们无须等到生活完美无瑕，也无须等到一切都平稳时才做，想做什么，现在就可以开始做起。

一个人永远无法预料未来，所以，不要延迟想过的生活，不要吝于表达心中的话，因为，生命只在一瞬间。每个人的生命都有尽头，许多人经常在生命即将结束时，才发现自己还有很多事情没有做，有许多话来不及说，这实在是人生最大的遗憾。有许多事，在我们还不懂得珍惜之前已成憾事，有许多人，在我们还来不及用心之前已成旧人。遗憾的事一再发生，不断追悔早知道当初如何是没有用的。

不管我们是否察觉，生命都一直在前进。人生并没有返程票，逝去的便永远不再回来。将希望寄予“等到空闲的时间才享受”，我们不知道失去了多少可能的幸福。

◆生命中大部分的美好事物，都是短暂易逝的，享受它们、品尝它们，善待周围的每一个人，别把时间浪费在等待上。因为，所有的难题的解决都不一定是完满的结局。

扫去大脑的浮尘，给灵魂卸卸妆

一条船装的东西太多，遇到阻力时，就得把无用的东西抛弃。人和船一样，虽然具有很强的力量，但若装满了毫无用处的“心理货物”，就难以前进，只有把它丢弃掉，才能轻装迈向自己的目标。所谓用“心”解决，就是要弄清压力产生的根源。

从前，一个小男孩特别淘气，谁劝都没有用。有一天，他父亲给了他一把锤子和一袋钉子，让他一生气就往木板上钉钉子。

时间一天一天过去了，钉在木板上的钉子越来越多。终于有一天，小男孩发现控制自己的情绪比钉钉子更容易一些。于是，小男孩不再钉钉子了。这时，父亲告诉他：“你把木板上的钉子都拔起来吧。”小孩子照做了，每拔下一颗钉子，木板上就留下了一个小孔。父亲指着小孔对他说：“生一回气就会在心灵上留下一道伤痕，久而久之，心灵就布满了疤痕了。”

听了父亲的话，小男孩就更注意控制自己的情绪了，不再因为鸡毛蒜皮的小事生气了。

每个人都有情绪不好的时候，说明我们的心灵产生了一种不愉快的感情，或许是因为生活给心灵所带来太大的压力，让我们的心灵感觉到疲惫，这个时候我们就一定要让我们的心灵松口气了。

也许你会有过这样的经历：人际关系或工作上的一次失误、旁人顺口说出的一句话，都会造成心理上的负担。周围人的吹毛求疵、说三道四，加上身边缺少可以倾诉的对象，更容易使这些人陷入一种无谓的困扰中，难以自拔，十分需要寻求一种解脱之法。

著名画家张大千是个大胡子，浓密的胡须铺垂及腹部。据说有一个人见到了觉得很好奇，就问："张先生，您睡觉时，胡子是放在被子上面还是搁在里头呢？"

张大千先生一愣："这……我也不清楚。是呀，我怎么没在意这个呢？这样吧，明天再告诉你。"

晚上就寝时，大千先生先将胡子摺在被子外头，好像不太对头；收进被子里面，又觉得不自然。折腾了半宿，都觉不妥。这一下他自己也犯愁了，以前这不是什么问题呀，现在怎么成了件让人头痛的事呢？

张大千的烦恼就是源于生活中的小事引起了他的关注。生活中，心累通常是人为地在自己的思想上加压造成的！我们凡事太在意了！太在意别人无意的评头论足，太在意与别人的小摩擦，太在意领导偶尔的责罚，太在意爱人一时的赌气，太在意成功与失败，太在意……人生总会有许多的烦恼，如果事事在意，脆弱的心灵怎堪重负？！生命又怎存趣味？透视琐事、忘却不幸、藐视挫折吧，给心灵减一下压，使自己的人生得以升华！

从社会环境来讲，长年的经济不景气，上司对部下的工作失误越来越不予宽容，尤其是公司里的人事考核与学校的分数制度格外被看重，这些都给人带来了许多无形的压力。在这种环境里，人们的情感、行为相互作用，思路往往朝着一个方向，容易造成情绪波动。

东京心理动态研究所所长柳平彬总结出一套自我调试的方法，也有人称其为“心理卸妆法”。就像女性每晚睡前卸妆一样，把当天的心绪整理一遍。对于负面的记忆，要在入睡前予以全部清洗掉。具体方法是：在临睡前，可以先想象有一条淙淙流淌的小溪。如果想象不出来，也可以面对一张小溪的图片，回忆当天那些不愉快的经历，让它们全部顺流而去。接下来低吟三句话：

1. 我愿意……（比如自己最期望的心境）；

2. 我会做……（比如能够胜任的心境）；

3. 我有志于做……（比如对待使命的精神准备）。

以前面提到的志愿者阳子为例，她的第一段话可以是“我愿意帮助老人”；第二段话为“我有照顾老人的能力”；第三段话为“照顾老人能使我快乐”。如此与自己的信心对话，最后再叮嘱自己：“明早一醒来，头脑一定非常清晰并心情畅快。”说完，尽快入睡。

运用心理卸妆法最关键的一条是树立远大的志向。人生如果有了远大的目标，即使面对挫折也会很快摆脱低沉情绪，引出正面效果。

◆无论我走到哪里，那都是我该去的地方，经历一些我该经历的事，遇见我该遇见的人，无论结果如何，我都会温柔以待，因为我要给生活一个最漂亮的我。

只要有信心，压力全都是动力

你一定听说过这样的事情：女大学生迫于就业压力整容，男大学生求职应聘忙于包装。针对这种现象，有关专家指出说："这是巨大的就业压力造成的，其实也是大学生自信心不足的一种表现。用人单位考虑的是学生的能力，而不只是相貌。长得好看却不懂业务，也是没用！"

事实上，生活中的很多人存在着信心不足从而导致压力过大的现象。在奋斗的过程中，难免碰到一时的挫折、困难、失败，如：工作进展受挫，没有找到解决问题的方法，感情上的挫折等等。如果人们有充分的信心，就会善待这些情况，心情上会坦然处之，及时把自己的心情调整过来，不让失败、困难、挫折等转化成消极的心理因素，而把这些作为对自己的鞭策，激发自己更加努力，开阔思路，寻求更佳方法、途径。

有一个年轻人，好不容易获得一份销售工作，勤勤恳恳干了大半年，非但毫无起色，反而在几个大项目上接连失败。而他的同事，个个都干出了成绩。他实在忍受不了这种痛苦，在总经理办公室，他惭愧地说，可能自己不适合这份工作。

老总沉默了一会儿，平静地说："就这样走，以失败者的身份离开？你真的甘心？”年轻人沉默不语。“安心工作吧，我会给你足够的时间，直到你成功为止。到那时，你再要走我不留你。”老总的宽容让年轻人很感动。

过了一年，年轻人又走进了老总的办公室。不过，这一次他是轻松的，他已经连续七个月在公司销售排行榜中高居榜首，成了当之无愧的业务骨干。他想知道，当初，老总为什么会将一个败军之将继续留用呢？“因为，我比你更不甘心。”老总的回答完全出乎年轻人的预料。

年轻人大惑不解，老总解释道：“记得当初招聘时，公司收下100多份应聘材料，我面试了20多人，最后却只录用了你一人。如果接受你的辞职，我无疑是非常失败的。我深信，既然你能在应聘时得到我的认可，也一定有能力在工作中得到客户的认可，你缺少的只是机会和时间。与其说我对你仍有信心，倒不如说我对自己仍有信心——我相信我没有用错人。”

从老总那里，年轻人懂得了只要给别人以宽容，给自己以信心，将来很可能是一个全新的局面。

总有许多的人，把失败、困难和挫折转化成消极的心理因素，这些消极的心理因素大大损害了个人的成功，往往断送了个人的事业。切记，人可以因为失败而损失财产，甚至成为一个穷光蛋。但绝不能在财产损失以后，再损失人的信心，否则，那才是雪上加霜。失败可以夺走我的财产、名誉、地位和爱情，但绝对不能夺走我的信心。信心就是生命，只要我的信心还在，我的生命之树在来年还会结出更丰硕的财产、名誉、地位和爱情之果。

一个家境十分贫寒的小木匠，在富翁家里做苦工，不小心损坏一个价值连城的花瓶，小木匠赔不起，无奈之下只好跑到一个据说十分灵验的观音庙去求观音。庙里的观音劝小木匠去学一门能对接花瓶的技术，并告诉小木匠要有信心，否则上天会对他失去信心。于是小木匠登门求艺，历经三年苦练，小木匠返回家乡将三年前打碎的花瓶接得同原来的一模一样。经过不懈的努力，小木匠成了远近闻名的名师，每天找他拜师学艺者络绎不绝。

小木匠没有忘记庙里的观音，他决定到庙里去感谢观音。当他说明来意，观音开口说道："你不用感谢我，还是感谢你自己吧。"这时，由远而近地传来脚步声，原来是庙里的老尼姑在小木匠第一次来时，听了小木匠的哭诉以后便冒充观音的声音，以鼓励小木匠并告诉小木匠"信心是人生最好的观音"。

没有什么比相信自己更能改变我们的处境，当我们处于厄运的时候，当我们败下阵来的时候，当我们面临一场巨大灾难的时候，记住：信心是人生最好的观音，一个人只要活着就有无限的可能。

◆记住：十年前你是谁，一年前你是谁，甚至昨天你是谁，都不重要。重要的是，今天你是谁，以及明天你将成为谁。

万事不求完美，活得坦然潇洒

“哪怕遇到火灾或地震，我也绝不会不化妆就跑出去。”你听到过类似的话或身边有这样“视妆如命”的女性朋友吗？你一定会觉得奇怪，这些人究竟是怎么了，她们原本就是才貌双全没有什么可挑剔的啊！

其实这些女性朋友是对自己要求过高了，她们在潜意识里一直不懈地追求完美，过分注重外表只是她们的表现之一。这些人就是我们所言的完美主义者。

在日常生活中，我们很容易看到完美主义者的各种表现：如有的人不允许自己在公共场合讲话时紧张，一到发言时就拼命克制自己的紧张，结果越发紧张，形成恶性循环；有的人不允许自己的工作仅仅是一般，他们一定要做到最好，可事实经常是把自己累得够戗，工作却未必如想象的那般好……这些想把生活中每一件事都做得非常完美的人，一般不会是一个强者，他们缩手缩脚，患得患失，害怕缺憾。完美主义的问题正是在于“恐惧缺憾”，害怕令人失望以及避免感到内疚。这也就是一些完美主义者追求完美的内在动机。

英属哥伦比亚大学的心理学家海威特曾经把完美主义性格分为三种类型：第一种是“要求自我”型，他给自己设下高标准，而且追求完美的动力完全是出于自己；第二种是“要求他人”型，为别人设下高标准，不允许别人犯错误；第三种是“被人要求”型，他追求完美的动力是为了满足其他人的期望，总是感觉自己被期待着，时刻都要保持完美。完美主义者的潜意识里会有许多非理性的想法，如“我一定要完美，否则就会让某某很失望”，“这次的问题都是我的错，我应该提前预料到”。

在这三种类型中，“要求自我”型在生活中最为常见。一般来讲，不能容忍美丽的事物有所缺憾，是一种正常心态；对许多人来说，追求尽善尽美也是理所当然的。根据格式塔心理学，安全感是人的最基本的需要之一，假如一个人缺乏自信，生活遭挫折，那么他的完全感就会受到伤害。所以为了避免伤害，人们尽力追求完美，这可能是产生“要求自我”型完美主义者的心理原因。

完美主义是一把“双刃剑”，有利也有弊，一方面它是使人不断向上的动力；另一方面这种对完美的追求也是一个沉重的包袱，在现代社会的多方面压力下，它让完美主义者看到自己对现实的无能为力，从而变得急躁、自卑、甚至急功近利。它不仅使完美主义者本人觉得痛苦，更糟糕的是这种个性也会影响周围的人，例如一位具有完美主义性格的主管，可能会对下属也有同样的高标准与期待，搞得办公室里大家紧张兮兮；或是有完美主义倾向的父母对于孩子有超乎常人的标准与要求，使孩子有了自卑心理、自闭倾向；抑或完美主义的妻子，要求丈夫尽善尽美，既要能力超群，能适应公司老板到管道修理工的所有工作，又温柔体贴，照顾自己每时每刻的情绪变化，这样的丈夫常常觉得无所适从，怎样也不能令对方满意，这就埋下双方矛盾的根源。

完美主义是一种人格特质，也就是在个性中具有凡事追求尽善尽美的极致表现的倾向。心理学家巴斯克认为具有完美主义性格的人通常有下列几种特性：

1. 注意细节

2. 要求规矩、缺乏弹性

3. 标准很高

4. 注重外表的呈现

5. 不允许犯错

6. 自信心低落

7. 追求秩序与整洁

8. 自我怀疑

9. 无法信任他人

摆脱追求完美给你生活带来的压力和阴影，其实也很简单。发散你的思维，也许你会更快地找到全新的生活。

所谓的太完美，会让我们把家人、把自己弄得特别疲惫。所以，面对世俗、面对快节奏的生活，不要心浮气躁，一定要让自己静下心来，做自己喜欢的事，读自己喜欢的书，在平淡的生活中活得尽量从容。

总之，做人不必万事求全责备，应该学会承认世界上没有绝对完美的事情，放宽对各种事情结果上那些“天经地义”的准确期盼，必会活得潇洒、坦然。

◆完美也有着不同的内涵，只要你感觉到自己很快乐，哪怕这种快乐在别人看来是生活的磨难，那么，你的生活也是充实的，也是“完美”的。

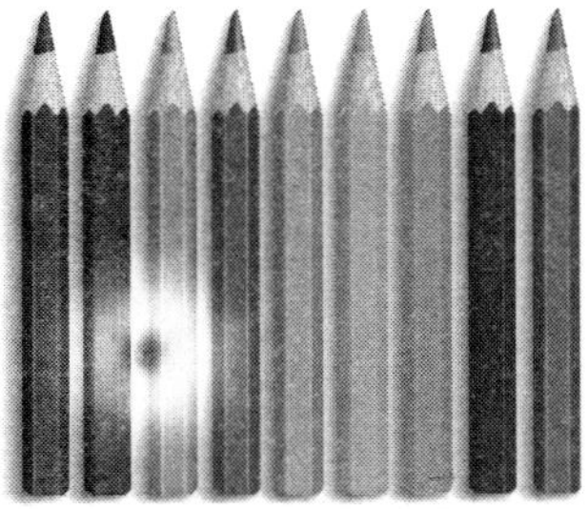

惜　福　福　常　在　　随　缘　缘　自　来

第十一章

淡看成败，人生将更加圆满

当你疲惫的时候，就停下脚步，遥想追逐的远方，汲取力量再上路；当你困惑的时候，那就停下脚步，梳理纷乱的思绪，驱走迷茫再上路；当你痛苦的时候，那就停下脚步，抚摸流血的伤口，擦干眼泪再上路；当你想放弃的时候，那就停下脚步，作出艰难的取舍，振奋精神再上路。

我们有时需要停下脚步，只为我们走得更远；我们需要淡看成败，只为我们的人生更加圆满。

拔除心灵的杂草，生活的田园才美丽

人生要想有所收获，就不能让诱惑自己的东西太杂、太多，不能让心灵里累积的烦恼太多，更不能让努力的方向过于分叉。要学会简化自己的人生，经常地抛弃不必要的负累，生活才更有意义。

一个孩子在山里割草，被毒蛇咬伤了脚。孩子疼痛难忍，而医院在远处的小镇上。孩子毫不犹豫地用镰刀割断受伤的脚趾，然后，忍着剧痛艰难地走到医院。虽然缺少了一个脚趾，但孩子以短暂的疼痛保住了自己的生命。

古希腊的佛里几亚国王葛第士以非常奇妙的方法，在战车的轭上打了一串结。他预言：谁能打开这个结，就可以征服亚洲。一直到公元前334年，还没有一个人能够成功地将绳结打开。这时，亚历山大率军入侵小亚细亚，他来到葛第士绳结之前，不加考虑，便拔剑砍断了绳结。后来，他果然一举占领了比希腊大50倍的波斯帝国。

小孩子果断地舍弃脚趾，以短痛换取了生命；亚力山大果断地剑砍绳结，说明他舍弃了传统的思维方式。在某个特定的时刻，你只有敢于舍弃，才有机会获取更长远的利益。即使遭受难以避免的挫折，你也要选择最佳的失败方式。

生活中，成败往往蕴含于取舍之间。不少人因为难以舍弃眼前的蝇头小利，而忽视了更长远的目标。成功者有时仅仅在于抓住了一两次被别人忽视了的机遇。只有懂得舍弃的人，才有更长远的目标，才能真正过自己想要的生活。

在墨西哥海岸边，有一个美国商人坐在一个小渔村的码头上，看着一个墨西哥渔夫划着一艘小船靠岸，小船上有好几尾大黄鳍鲔鱼；这个美国商人对墨西哥渔夫抓这么高档的鱼恭维了一番，问他要多少时间才能抓这么多？

墨西哥渔夫说，才一会儿功夫就抓到了。美国人再问，你为什么不呆久一点，好多抓一些鱼？墨西哥渔夫觉得不以为然：这些鱼已经足够我生活所需啦！美国人又问：那么你一天剩下那么多时间都在干什么？

墨西哥渔夫解释：我呀，我每天睡到自然醒，出海抓几条鱼，回来后跟孩子们玩一玩，再跟老婆睡个午觉，黄昏时晃到村子里喝点小酒，跟哥儿们玩玩吉他，我的日子过得可充实又忙碌呢！

美国商人不以为然，帮他出主意，他说：我是美国哈佛大学企管硕士，我倒是可以帮你忙！你应该每天多花一些时间去抓鱼，到时候你就有钱去买条大一点的船。自然你就可以抓更多鱼，再买更多渔船。然后你就可以拥有一个渔船队。到时候你就不必把鱼卖给鱼贩子，而是直接卖给加工厂。或者你可以自己开一家罐头工厂。如此你就可以控制整个生产、加工处理和行销。然后你可以离开这个小渔村，搬到墨西哥城，再搬到洛杉矶，最后到纽约，在那里经营你不断扩充的企业。

墨西哥渔夫问：这要花多少时间呢？

美国人回答：15到20年。

墨西哥渔夫问：然后呢？

美国人大笑着说：然后你就可以在家当皇帝啦！时机一到，你就可以宣布股票上市，把你的公司股份卖给投资大众。到时候你就发啦！你可以几亿几亿地赚！

墨西哥渔夫问：然后呢？

美国人说：到那个时候你就可以退休啦！你可以搬到海边的小渔村去住。每天睡到自然醒，出海随便抓几条鱼，跟孩子们玩一玩，再跟老婆睡个午觉，黄昏时，晃到村子里喝点小酒，跟哥儿们玩玩吉他啦！

渔夫说：您说的最终愿望，我现在就已经实现了。

世人想拥有的太多太乱，我们的心思太复杂，我们的负荷太沉重，我们的烦恼太无绪，这些都大大地妨碍了我们追求自己真正想要的生活。如果我们把很多时间和精力都花在无谓的纷争和无穷的耗费上，不仅自己的正常发展会受到限制，甚至会迷失自己真正应该前行的方向。

在人生的道路上，会不时地长出一些杂草，侵蚀我们美丽的人生花园。我们要学会把这些杂草铲除和放弃。放弃不适合自己的职业，放弃虚名，放弃纷争，放弃变了味的友谊，放弃失败的恋爱，放弃没有意义的交际应酬，放弃坏的情绪，放弃不必要的忙碌压力……

放弃我们人生田地和花园里的这些杂草害虫，我们才有机会同真正有益于自己的人和事亲近，才会获得适合自己的东西。我们才能在人生的土地上播下良种。

◆致力于有价值的耕种，最终将收获丰硕的果实，在人生的花园中采摘到鲜丽的花朵。

将拖累你的包袱甩掉，你会轻松无比

适当地放弃，是对捆绑自己的背包的一次清理，丢掉那些不值得你带走且托累你的包袱，你才可以简洁轻松地走自己的路，才可以登得高、行得远，看到更美更多的人生风景。

华裔科学家、诺贝尔奖获得者杨振宁和崔琦的成功，也是因为他们勇于放弃。

杨振宁于1943年赴美留学，受“物理学的本质是一门实验科学，没有科学实验，就没有科学理论”观念的影响，他立志搞一篇实验物理论文。于是，由费米教授安排，他跟有“美国氢弹之父”之誉的泰勒博士做理论研究，并成为艾里逊教授的6名研究生之一。在实验室工作的近20个月中，杨振宁成为艾里逊实验室流行的一则笑话的主人公：“凡是有爆炸（出事故）的地方，就一定有杨振宁！”杨振宁不得不正视自己：动手能力比别人差！

在泰勒博士的关怀下，经过激烈的思想交锋，杨振宁放弃了写实验论文的打算，毅然把主攻方向调整到理论物理研究上，从而踏上了物理界一代杰出理论大师之路。假如他一条道走到黑，恐怕“杨振宁”至今还是一个寂寂无名的符号。

而1998年的诺贝尔奖得主崔琦，在有些人眼里简直是“怪人”：

远离政治，从不抛头露面，整日浸泡在书本中和实验室内，甚至在诺贝尔奖桂冠加顶的当天，他还如常地到实验室工作。更令人不敢置信的是，在美国高科技研究的前沿领域，崔琦居然是一个地地道道的“电脑盲”。他研究中的仪器设计、图表制作，全靠他一笔一划完成。而一旦要发电子邮件，也都请秘书代劳。他的理论是：这世界变化太快了，我没有时间赶上！放弃了世人眼里炫目的东西，为他赢得了大量宝贵的时间，也就为他赢得了至高无上的荣誉。

人的一生很短暂，有限的精力不可能方方面面都顾及，而世界上又有那么多炫目的精彩，这时候，放弃就成了一种大智能。放弃其实是为了得到，只要能得到你想得到的，放弃一些对你而言并不必需的“精彩”，又有什么不可以呢？

从前有个孩子，伸手到一只装满榛果的瓶里，他尽其所能地抓了一把榛果，当他想把手收回时，手却被瓶口卡住了。他既不愿放弃榛果，又不能把手缩出来，不禁伤心地哭了。这时一个旁人告诉他：“只拿一半，让你的拳头小些，那么你的手就可以很容易地拿出来了。”贪婪是大多数人的毛病，有时候只抓住自己想要的东西不放，就会为自己带来压力、痛苦、焦虑和不安。往往什么都不愿放弃的人，结果却什么也没有得到。

智慧是什么含义呢？一时半会儿，你也许答不上来。然而，我们知道智慧有很多类型，诸如“神机妙算，足智多谋，满腹经纶，幽默诙谐”等词条都是智慧的表现。但你也许想不到“放弃”也是一种智慧。

“放弃”不就是丢弃放弃，它是懦弱的表现，怎么会是智慧呢？然而，不尽其然。尽管你的精力过人，志向远大，但时间不容许你在一定时间内同时完成许多事情，正所谓：“心有余而力不足。”这就如把眼前的一大堆食物塞进嘴里，塞得太满，不仅肠胃消化不了，连嘴巴都要撑破了！所以，在众多的目标中，我们必须依据现实，有所放弃，有所选择。这样我们才能选出适合自己的营养食品，然后慢慢咀嚼，细细品味，直到完全吸收，我们不就又有充沛的精力了吗？

然而，世界上真有放弃吗？如果在放弃之后，烦乱的思绪梳理得更加分明，模糊的目标变得更加清晰，摇摆的心铸就得更加坚定，那么放弃又有什么不好呢？世上没有绝对的放弃，只有永远的放弃。人生总要面临许多选择，也就要做出一些放弃，要学会选择，首先要学会放弃。

放弃是为了更好地调整自我，准备良好的心态向目标靠近。特别是在现代社会中，竞争日趋激烈，每个人的生存压力也越来越重。于是每个人都身不由己地变得“贪心”，追求的太多，其失望也愈深。所以一定要保持一个清醒的头脑，不要做那个抓满榛果哭泣的孩子，因为毕竟我们已经不再是小孩了！

◆放弃，是一种睿智，是一种豁达，它不盲目，不狭隘。放弃，对心境是一种宽松，对心灵是一种滋润，它驱散了乌云，它清扫了心房。有了它，人生才能有爽朗坦然的心境；有了它，生活才会阳光灿烂。

时常问问自己，我到底是谁

那些富于思想的哲学家们经常会这么问：“我是谁？我从哪里来？又要到哪里去？”人们从古希腊起就努力找寻这些问题的答案，然而至今都没有得出令人满意的结果。

然而，即便如此，人从来没有停止过对自我的追寻。正因为如此，人常常迷失在自我当中，很容易受到周围信息的暗示，并把他人的言行作为自己行动的参照，从众心理便是典型的证明。其实，人在生活中无时无刻不受到他人的影响和暗示。比如，在公共汽车上，我们会发现这样一种现象：一个人张大嘴打了个哈欠，他周围会有几个人也忍不住打起了哈欠。有些人不打哈欠是因为他们受暗示性不强。哪些人受暗示性强呢？可以通过一个简单的测试检查出来。

让一个人水平伸出双手，掌心朝上，闭上双眼。告诉他现在他的左手上系了一个氢气球，并且不断向上飘；他的右手上绑了一块大石头，向下坠。三分钟以后，看他双手之间的差距，距离越大，则受暗示性越强。认识自己，心理学上叫自我知觉，是个人了解自己的过程。在这个过程中，人更容易受到来自外界信息的暗示，从而出现自我知觉的偏差。

在日常生活中，人既不可能每时每刻去反省自己，也不可能总把自己放在局外人的地位上来观察自己。正因为如此，个人便借助外界信息来认识自己。个人在认识自我时很容易受外界信息的干扰，从而常常不能正确地知觉自己。

曾经有位心理学家用一段笼统的、几乎适用于任何人的话让大学生判断是否适合自己，结果，绝大多数大学生认为这段话将自己刻画得细致入微、准确至极。下面一段话是心理学家使用的材料，仔细阅读，是否觉得很适合自己呢？

你很需要别人喜欢并尊重你。你有自我批判的倾向。你有许多可以成为你优势的能力没有发挥出来，同时你也有一些缺点，不过你一般可以克服它们。你与异性交往有些困难，尽管外表上显得很从容，其实你内心焦急不安。你有时怀疑自己所做的决定或所做的事是否正确。你喜欢生活有些变化，厌恶被人限制。你以自己能独立思考而自豪，别人的建议如果没有充分的证据你不会接受。你认为在别人面前过于坦率地表露自己是不明智的。你有时外向、亲切、好交际，而有时则内向、谨慎、沉默。你的有些抱负往往很不现实。

这其实是一顶套在谁头上都合适的帽子。

一位名叫肖曼·巴纳姆的著名杂技师在评价自己的表演时说，他之所以很受欢迎，是因为节目中包含了每个人都喜欢的成分，所以他使得“每一分钟都有人上当受骗”。人们常常认为一种笼统的、一般性的人格描述十分准确地揭示了自己的特点，心理学上将这种倾向称为“巴纳姆效应”。

巴纳姆效应在生活中十分普遍。拿算命来说，很多人请教过算命先生后都认为算命先生说得“很准”。其实，那些求助算命的人本身就有易受暗示的特点。当人的情绪处于低落、失意的时候，对生活失去了控制感，于是，安全感也受到影响。一个缺乏安全感的人，心理的依赖性也大大增强，受暗示性就比平时更强了。加上算命先生善于揣摩人的内心感受，稍微能够理解求助者的感受，求助者立刻会感到一种精神安慰。算命先生接下来再说一段一般的、无关痛痒的话，便会使求助者深信不疑。

我们也有从众心理吗？是否也曾在“巴纳姆效应”中迷失自己？

一个人如果想取得人生的成功，是要时常让自己反省的。反省是进步的基础，能使我们通过重重考验，到达人生的另一个辉煌；反省是取得别人帮助的前提，能使我们面前的道路畅通无阻；反省是一剂良药，使我们从失败走向成功。

◆有事没事时常想一想，自己人生的意义究竟在何处，究竟该怎样度过此生？人生苦短，每一天都弥足珍贵。只有时常反思自己，才能让自己短暂的人生创造出更大的价值。

失业也没关系，更好的机会正在等你

人生就像一个百味瓶，酸甜苦辣就如生活的作料。无论你在职场拼搏还是在商场挣扎，都需要坚守一份发自内心的从容。

大多数人都向往着蜜罐似的生活，在这种安逸、甜蜜的生活状态下，他面带微笑、快乐地生活着。可是生活不可能停留在一种状态，当生活的急转弯出现时，如果没有坚强的性格、积极的人生观，很容易一蹶不振。所以，无论我们品尝到生活给予我们的哪一种味道，都是一种上天的恩赐，没有经历风雨怎能见彩虹。在短短几十年的人生路上，关键是拥有一种洒脱的魄力，永不放弃内心的那份坚定。

在职场生涯中，失业恐怕是再大不过的噩耗了，对于很多人而言，工作如同婚姻一样，秉承一生就一次的原则，所以当事业上亮起红灯的时候，他或许会突然之间接受不了这样的打击，甚至觉得自己对于社会已经没有价值，便有了轻生的想法。这些想法听起来或许很可笑，事实上，很多人确实存在这样的现象。这一节，我们就来看看当你的事业出现问题，你该怎么办。

首先，确定失业的原因，才能有的放矢，解决问题。失业这个现象，整体上而言，是一个社会问题，而这个社会问题与失业者的个人素质也息息相关。失业是市场经济竞争体制下不可避免的一个现象。

能者居之，优胜劣汰。当你失业了，不要做无意义的哭泣或者酗酒，要冷静下来想一想，为什么失业的是自己？为什么同事某某没有遭受这样的悲剧？答案或许很容易就得出来：因为对方比自己适应这个竞争过程，对方的优点保住了他的工作，而自己恰恰缺少这样的技能。了解到这一点，或许就是你人生的转折点，因为这次失业，让你更明白了一些道理。

事实上，失业并不可怕，可怕的是失业之后，你对自己的恐惧，害怕自己无所事事，终成废人。失业就等于把人生枪毙吗？当然不是，正确地看待失业，重整旗鼓，从头再来，迎接你的或许就是辉煌。

失业的人心情肯定会受到影响，悲伤几天是可以的，但是不可以从此悲观。失业以后最重要的是情绪的调节，利用失业以后的空闲，可以给自己放一次较长的假期，你可以利用它去完成你旅游的夙愿，利用它去拜访一些故友，利用它去完成一次技能培训等等，好好地给身体和心灵做个温泉SPA，或者给头脑做一次充电储备。或许你应该感谢这次失业，它给你了时间恢复一下体能，健康对于谁都是重要的，人生数年，我们没有任何理由因为所谓的工作而毁掉我们的身体。健康的生命才是最重要的，对吗？

因为失业，我们才能鼓起拼搏的念头，拥有了从头再来的机会。平日的忙碌，或许蒙蔽了我们的双眼，我们总在赶路，却忘记了停下来问问自己：我在做什么？这份工作真的适合我吗？因为这份从事若干年的工作，我们或许已经产生了惯性，所以我们忘记了自己的优点，忘记了自己的爱好，也因此错过了很多更值得我们去追求，更适应我们的工作。天涯何处无芳草，何必单恋一支花？我们默守着曾经的工作，忘记了我们的身外还有更美丽的花园。失去一个工作并不是失去整个人生。失业给了我们一个思考的空间和时间。我们应该冷静下来思考自己，分析自己：我是谁，我适合做什么，我的优点是什么，我的缺点是什么，我需要哪些技能而现在却没有具备。思考是重要的，没有思考而盲目地去寻找新工作将再次出现失业的现象。

从失业的经历中我们应该吸取到教训，应该变得更勇敢，更理智，更了解自己。敢闯敢拼，勇于从头再来是失业以后最正确的选择。社会是一个很大的空间，它给予我们的不是一个小小的位置，而是一片广泛的天空。如果你因为失去了太阳而哭泣，那么你还会失去月亮和满天的星星。要肯定自己的价值，相信自己的能力，同时给自己拼搏的勇气。因为失业，我们有了更大的发展空间，我们或许是那只离开了鸡窝，方能展翅飞翔的老鹰。

失业是痛苦的。对于工作，或许我们也付出过努力，投入过感情，可是这并不代表我们就一生拴在了它上面。记住，我们是工作的主人，绝对不是它的奴隶。失去一份工作或许有更美好的空间在前方等待。失业不过是人生旅途中再微小不过的一个挫折，你要是被它打败，那么你的生命之路就不能前行。失业之后关键是要及时整理心情，做好充分的接受挑战的准备。外面的世界依然那么精彩，依然充满了挑战和机遇，失业后的你做好了从头再来的准备了吗？

◆人在职场，不要惧怕失业，只要敢闯敢拼，大不了从头再来。只要你不离不弃，坚守自己的职责，前方的道路会越来越宽阔。

惜 福 福 常 在　　随 缘 缘 自 来

第十二章

做好自己，想要的终会到来

没有哪一种选择能够十全十美，任何一种选择，都意味着要放弃另一些东西。无论你怎么做，怎么选，都难免会有遗憾。不要把时间花费在遗憾和淡淡的忧伤上，全心全力地走好已经选择的路，便是无悔今生。

人生最遗憾的事莫过于：轻易地放弃了不该放弃的，固执地坚持了不该坚持的。无论何时，你都要坚信：你若盛开，蝴蝶自来；你若精彩，天自安排。

只要信心不倒，你就会成为巨人

风靡全球的畅销书《秘密》里讲了一条重要法则：吸引力法则。你关注什么就会吸引什么。这世上没有不能成的事，只有不成事的人。欧洲有一句名言："一个人的自我思想决定他的为人。"行为是思想绽放的花朵，人们外在的言行举止，无论是自然行为还是刻意行为，都是由内心隐藏的思想种子萌芽而来。

美国皮套业的明星约翰·比奇安，曾经是一名警官，只是喜欢在业余时间做皮套。后来，他创办了全美最大的制造皮套和皮带厂家——比安奇国际公司，专供执法人员和军方使用。他也担任过亨廷顿控股公司的顾问和瑟法里公司的发言人。比安奇在这个行业有极大的吸引力，当他出现在皮套展览台时，展厅的人们排着长队，只为一睹他的风采，就像西部乡村歌星会见他的歌迷。

他给别人讲过这样一个故事："信不信由你，38年前，我还年轻的时候，在咖啡厅干过活，我看见公司的老板进进出出，我观察他们时就问自己：什么使他们与众不同？他们在干些什么？我应当好好研究一下。我发现一件非常重要的事情——他们有一个重要的特点，就是充满信心。他们无所畏惧，他们是自信的。从那时起，我反复思考，后来发现，恐慎是许多问题的根源。你必须对自己有信心，如果你自己没有信心，任何人都无法相信你。”

莱尼特是一名普通的修理工。他的朋友们条件与他差不多，但薪水却都比他高，住在高级的住宅区里。莱尼特觉得很困惑，究竟自己什么地方不如他们？在见过心理医生之后，他找到了症结所在。他发现自从他懂事以来，就极不自信、妄自菲薄、不思进取、得过且过，他总是认为自己无法成功，也从不认为可以改变这一点。于是，他痛下决心，再也不自我贬低，要信心十足。他辞掉了原来的工作，通过面试，进入一家知名的维修公司，两年之后，成为行业中的著名人士。

在上面的两个例子中，他们的成功都掌握在自己的手中。一个人对自我的态度，既可以作为武器，摧毁自己，也能作为利器，开创一片无限快乐、坚定与平和的新天地。

心理学家马斯洛在《动机与个性》中提到“自我接受”这个概念。他说：“新近心理学上的主要概念是：自发性、解除束缚、自然、自我接受、敏感和满足。”我们常常因为罪恶感，以及过去和现在所犯的种种过错而自惭形秽。我们渐渐丢失了尊敬和喜爱自己的能力。为了学会喜欢自己，我们必须面对自己的缺点，容忍自己的缺点。这并不是不思进取、懒惰或是其他什么，这只表示我们必须认识到——没有人，包括我们自己，能够100%的优秀。要求别人完美是不公平的，要求自己完美更是荒唐。所以，千万别这么苛求自己。有时候，我们要试着练习自我放松，取笑自己的某些错误，要学习喜欢自己。

不喜欢自己的人，常表现为过度的自我挑剔。适度的自我批评是有益、健康的，有助于个人的发展；但超过了这个程度，就会影响我们的行为了。如果一个人过于自我挑剔，当他从事一件事时，他会觉得自己很笨拙、很胆怯，想到自己的种种缺点，便没有勇气继续下去。这样的话，他最大的敌人就是他自己了。《圣经》中，当耶稣遇到受折磨的人时，他不去查问为什么这些人会如此，也不会给予很多的同情，而是说："你的罪被赦免了，回家去吧，而且不要再犯罪了。"忘记过去的错，爱自己，当我们认为自己是巨人的时候，我们才有可能成为真正的巨人。

实际上，自信不过是一种感觉，如果我们用肯定的态度去对待，久而久之它就会变成一种实在的行动，而其他人的意见或者自己的怀疑则经常会让我们低估了自己的能力。最好的办法就是不管别人怎么说，自己尽可能地去尝试。尝试越多，便对自己的局限了解得越清楚。自己的选择就会更加贴近实际。自己能做什么不能做什么逐渐分晓，自信心自然会增加。

◆鹰，不需鼓掌也在飞翔；小草，没人心疼也在成长。做事不求人说无过，但求无愧我心；做人不需人人喜欢，但求坦坦荡荡。人生并不长，既然来了，就要活得漂亮！

成为最好的自己，从接纳自己开始

完全地接纳自己，尊重自己，既要接受自己的优点，也要接受自己的缺点；既要克服自卑感，又要对自己有充分的认同感。

人不能够正确认识自己的例子，在生活中随处可见。许多人在踌躇满志的时候，又往往不敢正视自己内心的愧疚、仇恨和羞辱；在垂头丧气时，却又不敢相信自己拥有的优点和取得的成就。有些人因为自己偶尔的消极情绪而认为自己是邪恶的，于是，一蹶不振。有些人甚至因为他人对自己的不认可而自暴自弃，实在令人惋惜。

恩莫德·巴尔克曾警告人类："以少数几个不受欢迎的人为例来看待一个种族，这种以偏概全的做法是极其危险的。"在今天，对人的个性采取以偏概全的做法，同样也是极具危险的，我们应该避免这种做法。我们对别人具有攻击性、怀有仇恨，这些感情是人性的一部分，但我们不必因此就厌恶自己，觉得自己就像社会的弃儿一般。意识到这一点，我们就能在精神上获得超脱和自由。

我们不能片面地看待自己，而应该综合考察、实事求是地了解自己、接受自己。很多人常常过分严格地要求自己，凡事都希望完美无缺。然而，我们所做的一切都不是十全十美的。我们无法要求自己完美无缺，我们只能努力把自己变成一个有很少缺点的人。我们要学会适当地宽容自己，坦然接受自己的某些缺点，这样我们才能生活得比较轻松，才能保持内心的平静。

然而，我们的进步是缓慢的、渐进的，有时甚至让人灰心丧气。

从前在美国有个人，相貌极丑，街上行人都要掉头对他多看一眼。他从不修饰，到死都不在乎衣着。窄窄的黑裤子，伞套似的上衣，加上高顶窄边的大礼帽，仿佛要故意衬托出他那瘦长条的个子，走路姿势难看，双手晃来荡去。

他是小地方出生的人，尽管后来身居高职，但直到临终，举止仍是老样子，仍然不穿外衣就去开门，不戴手套就去歌剧院，总是讲不得体的笑话，往往在公众场合忽然忧郁起来，不言不语。无论在什么地方——在法院、讲坛、国会、农庄，甚至于他自己家里——他处处都显得格格不入。

他不但出身贫贱，而且身世蒙羞，母亲是私生女，他一生都对这些缺点非常敏感。没人出身比他更低，但也没有人比他升得更高。

他后来任美国总统，这个人就是林肯。

一个人有这么多的弱点而不去克服，难道也能得到像林肯那样的成就?

其实，林肯并不是用每一个长处抵每一个短处以求补偿，而是凭伟大的睿智与情操，使自己凌驾于自己的一切短处之上，置身于更高的境界。只在一个方面，就是通过教育，来补偿自己的不足。他用拼命自修的方法来克服早期的障碍。他非常孤陋寡闻，在20岁以前听牧师布道，他们都说地球是扁的。他在烛光、灯光和火光前读书，读得眼球在眼眶里越陷越深，眼看知识无涯而自己所知有限，总是感觉沮丧。他填写国会议员履历，在教育一项下填的竟然是："有缺点。"

可见，林肯的一生不是沉浸在自卑中，而是对一切他所缺乏方面的全面补偿。他不求名利地位，不求婚姻美满，集中全力以求达到自己心中更高的目标，他渴望把他的独特思想与崇高人格里的一切优点奉献出来，从而造福人类。

有自卑心理的人大都比较敏感，容易接受外界的消极暗示，从而愈发陷入自卑中不能自拔。而如果能正确对待自身缺点，把压力变动力，奋发向上，就会取得一定的成绩和成功，从而增强自信、摆脱自卑。

纽约有一个精神病医生。有一天，他遇到一个病人，这个病人酒精中毒，已经为此治疗了两年。

有一次，病人来看医生，要进行心理治疗。病人告诉医生说，前两天他被解雇了。当心理治疗完毕后，病人说："大夫，如果这件事发生在一年前，我是承受不住的。我想自己本来可以做得更好，避免这类事情的发生，但却未能做到，为此我会去酗酒。说实话，昨天晚上我还这么想呢。但我现在明白了，事情既然已经发生了，就该正视它，坦然地接受它。失败就像成功一样，是人生中难得的经历，它是我们人生中不可避免的一部分。"

医生认为，病人对自己如此宽宏大度，这是一个显著的进步。正像医生所预测的那样，此后，在另外一个工作领域，这个前来求医的患者取得了令人瞩目的成就。

◆每个人的性格中都有引起失败的因素，也有走向成功的因素。我们有时可以把自己想象得更好一些，有时候也可把自己想得更差一点，但你要始终坚信，你会成为最好的自己。

认识自己，才能胜过别人

你想了解别人吗？那么，先问问自己是否了解自己。

常言到："知己知彼，百战不殆。"一个人如果想了解别人，就必须先了解自己，只有当你清楚地了解自己是个什么样的人，并能够正确地对自己做出评价，那么，我们才能去评价别人。

有一位老师，常常教导他的学生说：人贵有自知之明，做人就要做一个自知的人。唯有自知，方能知人。有个学生在课堂上提问道："请问老师，您是否知道您自己呢？"

"是呀，我究竟知道自己吗？"老师想，"嗯，我回去后一定要好好观察、思考、了解一下我自己的个性、心灵。"

回到家里，老师拿来一面镜子，仔细观察自己的容貌、表情，然后再来分析自己的个性。

首先，他看到了自己亮闪闪的秃顶。"嗯，不错，莎士比亚就有个亮闪闪的秃顶。"他想。他看到了自己的鹰钩鼻。"嗯，英国大侦探福尔摩斯——世界级的聪明大师就有一副漂亮的鹰钩鼻。"他想。

他看到自己具有一副大长脸。"嗨！大文豪苏轼就有一副大长脸。"他想。

他发现自己个子矮小。"哈哈！拿破仑个子矮小，我也同样矮小。”他想。

他发现自己具有一双大撇撇脚。“呀，卓别林就有一双大撇撇脚！”他想。

于是，他终于有了“自知”之明。

“古今中外，名人、伟人、聪明人的特点集中于我一身，我是一个不同于一般的人，我将前途无量。”第二天，他对他的学生这样说。

这个故事幽默之中充满了讽刺意味，这样的“自知”还不如“不知”。我们所说的自知是真正地了解分析自己身上所具有的特点，更多的是自己内在的东西，而不是外在特征。例如，当我们遇到事情不急不燥，仍能十分冷静，说明我们是一个沉着、冷静的人；当我们遇到遇事急躁、手忙脚乱的人，我们会发现他与自己的不同，这样我们就可以评价他是一个浮躁的人。

正确认识自己是了解别人的前提，没有自知之明的人，不可能了解自己，更谈不上去了解别人。

如果我们不逃避现实，敢于承认自己的缺点、向自我挑战，那么，成功对于我们就为期不远了。

每个人都会有缺点，这个世界上，十全十美的人是不存在的。有些人面对自己的缺点，总是想办法遮掩，害怕别人笑话。其实，这样做反而会使人感到虚伪，不真实，也就没有人愿意与我们交往。正确的思维是坦然面对自己的缺点，不有意掩饰，敢于挑战自我，承认缺点，这样就会赢得大家的尊敬。

首先，影响一个人成功的主要缺点就是不敢与人交往。不敢与人交往可能是存在自卑心理，在现代社会这就成为阻碍一个人发展的关键。作为一个现代人，一定要树立自信，要敢于与陌生人谈话。为了能适应与不熟识的各类人打交道，在进入社会之初就应多参加人才交流会，从中接触到各种各样的人，谙熟各行人士的种种心理，那么他的自卑心理就逐渐消失，自信心也自然而然地增强。

其次，不敢在熟人面前露丑是一种不良习惯。人的许多毛病或不良习惯可能是从小形成的，也许正是这些不良习惯，让我们与成功无缘。也许有人不会相信，一个读了几年大学的人不敢上台表现自己。害怕露丑，就永远没有机会成功。

有个职员被人逼着去参加卡拉OK大赛，他自己也没有想到，竟然差点儿拿了奖。这一次在众目睽睽下表演虽然失败了，但是正是这大胆的第一步，让他以后敢于迈出第二步第三步……其实，没有什么大不了的，丑媳妇总得见公婆，走出第一步，我们就自信了。

再次，敢于正视自己的缺点。“金无足赤，人无完人”，不要因有缺点而自卑。

上天给了我们同样的生命权，很多的机会也是均等的。世界上最大的敌人是自己，不敢承认自己的弱点而逃避现实的人，会永远与成功无缘。相反，敢于拿出勇气，正视自己向自我挑战的人，定会战胜人生的困难，接近成功的终点。

◆所有那些你以为因为你的选择而放弃的东西，是否真的离开过你的生命，然后带着你通往了完全不同的人生道路？

战胜自己第一步，克服自卑

人生是一个不断战胜自己从而达到新的目标的过程。人生要想精彩就要无数次战胜自己。战胜自己的过程可以使一个人成长起来，战胜自己的过程可以使一个人发觉自己身上的无限潜能，战胜自己的过程可以使一个人意识到自己的重要……

我们生活在竞争如此激烈的社会中，每个人都想要功成名就、出人头地。但是，多少成功和失败的经验教训证明，在通向人生巅峰的道路上，始终要战胜的不是别人，而是自己。那个经常使我们受伤的强大的敌人，深深地隐藏在我们自己的心中！

所以，在不断的奋斗与拼搏中，只有首先培养第一流的心理素质，才能战胜灵魂深处所有的弱点。战胜了自卑，才能让自己始终立于不败之地。

在现实生活中，我们每个人都或多或少地存在着自卑心理，但是自卑并不可怕，可怕的是沉浸在自卑当中而丧失了追求成功的勇气。

强者不是天生的，也并非没有软弱。强者之所以成为强者，在于他善于战胜自己的软弱。因此，请不要怀疑、贬低自己，只需勇往直前，将想法付诸行动，就一定能走向成功。

不要被自卑吓唬住。自卑，有时就像一只老虎，我们都被它吓得瑟瑟发抖，因为过度地惧怕它，一些人才一事无成。

他，从一个仅有20多万人口的北方小城考进了北京的一所大学。他一个学期都不敢和同班的女同学说话。

因为上学的第一天，与他邻桌的女同学问他的第一句话就是：你从哪里来？而这个问题正是他最忌讳的，因为在他看来，出生于小城，就意味着小家子气，没见过世面，肯定被那些来自大城市的同学瞧不起。所以，第一个学期结束的时候，有很多同班的女同学都不认识他！

很长一段时间，自卑的阴影都占据着他的心灵：最明显的体现就是每次照相，他都要下意识地戴上一个大墨镜，以掩饰自己的内心。

她，也在北京的一所大学里上学。她不敢穿裙子，不敢上体育课。她疑心同学们会在暗地里嘲笑她肥胖。大部分日子，她都在疑心、自卑中度过。

后来，在播出的某个电视晚会上，她对他说：“要是那时候我们是同学，可能是永远不会说话的两个人。你会认为，人家是北京城里的姑娘，怎么会瞧得起我呢？而我则会想，人家长得那么帅，怎么会瞧得上我呢？”

他，现在是中央电视台著名节目主持人，经常对着全国几亿电视观众侃侃而谈。他主持节目给人印象最深的特点，就是从容自信。

他的名字叫白岩松。

她，现在也是中央电视台著名节目主持人，而且是完全依靠才气，丝毫没有凭借外貌走上中央电视台主持人岗位的。

她的名字叫张越。

自卑的形象让他们饱受折磨，而克服自卑后的形象却得到了世人的认可与尊重。这之中的反差是何等巨大。

自卑是一种消极的自我评价或自我意识，一个人若被自卑感所控制，其精神生活将会受到严重的束缚，聪明才智和创造力也会因此受到影响而无法正常地发挥作用。自卑，人人都有，只不过存在着轻重的差别。形成自卑的原因很多，但它们都是通过自卑者本人的消极的自我暗示所产生的。

那么，如何克服自卑呢？

首先，正确认识自己。通过客观、公正地评价自己，可以恰如其分地发现自己的不足。这样有利于恢复自己的信心，还可以发现自己真正的长处，制定适合自己的目标，减少失败发生的次数，从而增强自己的信心。

其次，正确对待成败。一个人不可能永远成功，也不可能永远失败。所以，不必为暂时的失败而灰心丧气，以免加重自卑，形成恶性循环，更不必为一时的成功而过分沾沾自喜，产生优越感。自卑并非真正存在，大多是自卑者自己虚构的，明白了这一点，克服它也就不难了。

具有自卑心理的人，总是过多地看重自己不利和消极的一面，而看不到有利、积极的一面，缺乏客观全面地分析事物的能力和信心。这就要求我们看到自己的长处和潜力，而不是妄自嗟叹、妄自菲薄。

◆不要通过一个人的外表来轻易判断一个人，也不要用过去的坎坷来衡量生活的幸与不幸。每个人的生命都可以绽放美丽，只要你努力、珍惜。

烦恼那么多，何必要自找

人生在世，不可避免地面对各种烦恼。据统计，人生的烦恼有相当一部分都是我们自找的。烦恼，说白了就是一个人的心结，只有心结解开了，烦恼才会跑远。

现代人总爱自寻烦恼，这是何故？美国心理学家曾提出四点假设：

1. 自寻烦恼是人的本性。人并不完全是理性的动物，人常为情绪所困扰，而困扰的原因多半是来自于自己，很少是由于外界因素造成的。

2. 人有思考能力，但在考虑自身问题时，则多表现出心态上不平衡的倾向。对与自己息息相关的事，往往做过多的无谓思考，这是困扰自己的根源。

3. 没有事实根据，单凭想象就可形成自以为是的信念，这是人有别于其他动物的特征之一。这种无中生有的想象力过于丰富，就会使人陷入无尽的烦恼中。

4. 人有自毁倾向，同时也有自救能力，合理的情绪疗法可以通过转化前者来帮助发展后者。

每个人都有理性的一面，同时也有非理性的一面。人生来都具备以理性信念对抗非理性信念的能力，但又常常被非理性信念所干扰。也就是说，每个人都有不同程度的不合理信念，只不过有心理障碍的人所持有的不合理信念更多、更复杂而已，然而，就是这种不合理的思维造成了心态上的不平衡。我们所能感觉到的世界只是整个世界的一小部分，由这一小部分所得出的观念往往是不正确的，但人们又总是把这些不正确的观念当作生活真理，结果使自己陷入了不必要的苦恼之中。

有一个和尚，每次坐禅都感觉有一只大蜘蛛在干扰他，他想赶走它，但总是束手无策，这使他很烦恼。师父知道后，让他在坐禅前先预备一支笔，等蜘蛛来时就在它身上画个记号，以便知道它来自哪里。和尚照办了，等他坐禅完毕，一看原来记号画在了自己的肚皮上。这个故事告诉我们，烦恼就源于我们自己。

我们在生活中几乎都有这样的体会：同样的事情作用于不同的人身上往往会引出截然不同的行为反应。为什么呢？原因就在于在刺激与反应之间存在着一个重要的因素，那就是认知。由认知对刺激做出解释和评价，使刺激具有了意义，人再由这种认知意义做出相应的行为反应。

为了便于理解这个道理，下面我们以离婚为例进行分析。

离婚是个事件（刺激源）。对这一刺激源的认知不同，将导致不同的行为反应。

如果认为离婚说明自己所选择的人生道路是走不通的，离婚使自己的幸福梦想破灭，“一失足成千古恨”，想从头再来已经不可能了，结果只会悲观失望，陷入痛苦的深渊难以自拔，严重者会引发抑郁症。

假如认为对方坚持要与自己分手，只是因为自己没有什么优点和长处可以吸引人，于是从此就很自卑，在今后与异性的交往中也变得被动、悲观，甚至怨天尤人，就会给整个生活蒙上一层阴影。

假如认为离婚是一件很丢人的事，结果就很容易使自己进入一种惶惶不安的状态，总以为别人对自己另眼相看，瞧不起自己，总觉得背后有人对自己指手画脚，总想躲避众人的视线。

假如认为离婚说明了人是不可信的，男人都是忘恩负义的东西，或者女人都具有喜新厌旧的本性，结果就会以一种无所谓的态度游戏人生。

假如认为离婚是现代社会流行的事，很多名人都有离婚的经历，有的已经离过几次婚，人这一辈子什么事情都应该尝试一下，没离过婚同样也是人生的一大遗憾，结果就会对离婚的反应很平淡，并有可能在平淡之中还带有一丝兴奋。

假如认为对方没有良心，自己把什么都给了他（她），没想到对方竟然忘恩负义、喜新厌旧，玩弄和欺骗了自己的感情，结果就会怀恨对方，甚至流露出报复的思想。

假如认为离婚终于使自己从痛苦的婚姻中解脱出来，从此又自由了，又有选择的机会了，凭着这次失败的婚姻给自己留下的经验，相信再处理婚姻问题时一定会更加成熟，结果离婚带来的就会是解脱与成长。

通过上述分析，我们可以看出，事件本身并不是行为反应的根源，对事件的认知才是行为反应的直接原因。人的苦恼通常来自于人的不合理认知，正应了“天下本无事，庸人自扰之”。

◆我将固执地往自己想要的生活方向迈进。无论风雨，无论困苦，无论早晚，无论快慢，我都会坚定不移地往前走。因为这是我在经过了几十条路，用排除法留下的一条我自己认为的积极的路。

孤木不成林，你需要更多的伙伴

经常听人说工作压力大，做事不顺心，细问之后却可能听到这样的心里话："在单位我不善于人际交往……"其实，这种感觉的工作压力大与"不合群"有一定的关系。

工作中的合群性是与一个人从小是否过过集体生活、是否学到过怎样与人沟通有关。不善于与人沟通的职员往往从小就比较孤僻，家庭环境中沟通比较少，从未真正学会与人交往的艺术。这样的职员到了工作岗位，就会把在家庭中缺乏沟通的状态带到工作中，总是希望别人主动接近自己，自己却不会主动与人交流，时间长了，同事觉得他"不爱说话"，也就逐渐放弃了与他的交往，这时他又会感到被排挤，感到孤独，心理压力就会增大。

现代社会的很多工作都需要同事之间配合，打团体战，不善于与人交往的职员往往不善于与人合作，只能单打独斗，不能利用别人的资源，因此完成相同的工作，付出的努力和压力就要比其他同事大得多。

小丽是那种有上进心却又很自负的人。她总觉得自己比别人强，往往瞧不起别人。当然，她的这种想法隐藏得很深。在学校的时候，她由于得不到老师的重视，与同学的关系也不怎么样，所以她一直企盼着早点毕业换个环境，摆脱学校这个“糟糕”的环境。

毕业分配时，她毫不犹豫地选择离家很远的地方，发誓一定好好干，争取早日出人头地。可是一年来，她总是埋怨这里不好，没有前途；那里不好，领导不会用人。眼看其他同学一个个如鱼得水平步青云，毕业分配时踌躇满志的她，心境变得越来越郁闷。

一天她问朋友：“你说，为什么我到哪里都得不到重视？”朋友对她说：“有些事情并不是换个环境就能解决的。重要的是要找到问题存在的根源，并用正确的方法去解决。否则问题会永远跟随着你，你的心境永远无法改变。”

当她表示想跳槽时，朋友又劝她说：“当你要离开一个公司的时候，你必须先想清楚，你想得到什么，为什么没有得到，自己有多大责任？如果自省的结论是自己的性格有欠缺，那么，更换环境并不能解决问题。‘一滴水不被蒸发，唯有融入大海。’只有当自己能融入集体、融入社会时，才会快乐、才会有所作为。”

不善于与人交往的员工往往有以自我为中心的特点。这并不是说他们愿意这样，有很多人也很渴望能像那些交际明星一样“会说话”，但是长期的封闭，使他们不了解别人的心理和情感，说起话来往往只能从自己的角度出发，这就使他们很难与别人建立真正良好的人际关系，而只能感到“我巴结别人还巴结不上”，并陷于尴尬的境地。

不善与人交往的员工在职场中经常会感到被伤害。他们往往非常敏感，带着个人未处理好的情结来到职场，希望别人像呵护温室里的花朵一样呵护他。但这种期望是不现实的，他们一旦在人际关系上碰壁，就会更加退缩，还会感到别人伤害了他们。其实别人可能没有故意伤害他们，只是他们自己不接纳自己，从而感到别人也不接纳他们，时间长了，就没有人愿意和他们交往，这也是让他们感到有“压力”的原因之一。

从前，有一个幸运儿被上帝带去参观天堂和地狱。他来到地狱后，见一群人正围着一大锅肉汤喝，但这些人看起来都绝望又饥饿。再仔细一看，他们每个人都拿着一只可以够到锅的汤匙，但汤匙的柄比他们的手臂长，所以没法把东西送进嘴里。他们看起来非常悲苦。

紧接着，上帝带他来到天堂。仍是一锅汤、一群人、一样的长柄汤匙。但每个人都很快乐，吃得也很愉快。上帝告诉他，这就是天堂。

这位参观者迷惑了，心想：为什么情况相同，人们的境遇却大不相同？最后，经过他仔细观察，他终于找到了答案：原来，在地狱里的每个人都想着给自己舀肉汤；而在天堂里的每一个人都在用汤匙喂对面的另一个人。结果，在地狱里的人都挨饿且可怜兮兮，而在天堂的人却都吃得很好。

这就是合作的神奇力量。

人类是群居性动物，大家需要协作才能生存、发展。只有接纳他人和拥有一颗为他人着想的心，你才会结交更多志同道合的朋友，才有可能获得更多的发展机遇。

◆记得答应自己要做的事，记得自己想去的地方，记得努力达成美好的意愿。快乐的一天，从心开始。